燃气行业从业人员专业培训教材

汽车加气站操作

屠小斌　主　编

中国环境出版集团·北京

图书在版编目（CIP）数据

汽车加气站操作 / 屠小斌主编. —北京：中国环境出版集团，2024.1
燃气行业从业人员专业培训教材
ISBN 978-7-5111-5665-5

Ⅰ. ①汽… Ⅱ. ①屠… Ⅲ. ①汽车—天然气—加气站—技术培训—教材 Ⅳ. ①U491.8

中国国家版本馆 CIP 数据核字（2023）第 208580 号

责任编辑 易 萌
封面设计 彭 杉

出版发行 中国环境出版集团
（100062 北京市东城区广渠门内大街 16 号）
网 址：http：//www.cesp.com.cn
电子邮箱：bjgl@cesp.com.cn
联系电话：010-67112765（编辑管理部）
010-67112739（第三分社）
发行热线：010-67125803，010-67113405（传真）
印 刷 玖龙（天津）印刷有限公司
经 销 各地新华书店
版 次 2024 年 1 月第 1 版
印 次 2024 年 1 月第 1 次印刷
开 本 880×1230 1/32
印 张 5.5
字 数 132 千字
定 价 20.00 元

《汽车加气站操作》
编 委 会

主　编：屠小斌

副主编：孟祥军　李　乐　许继星

序　言

燃气是重要的清洁能源之一，在一次能源结构中的占比快速提高。城镇燃气安全稳定供应，事关能源结构调整、清洁能源高效利用、改善和保障民生、社会和谐稳定，意义重大。中共中央、国务院高度重视燃气安全。燃气安全事故一旦发生，给人民群众生命财产安全造成损失。国务院颁布的《城镇燃气管理条例》第十五条规定“企业的主要负责人、安全生产管理人员以及运行、维护和抢修人员经专业培训并考核合格”，第二十七条规定“单位燃气用户还应当建立健全安全管理制度，加强对操作维护人员燃气安全知识和操作技能的培训”。从事燃气行业或使用燃气，熟悉燃气知识、掌握燃气专业技能是科学利用燃气的关键。

保障燃气设备平稳运行，关键在人才队伍建设。2022 年 5 月 1 日起施行的《中华人民共和国职业教育法》，第二十四条规定“企业应当按照国家有关规定实行培训上岗制度。企业招用的从事技术工种的劳动者，上岗前必须进行安全生产教育和技术培训；招用的从事涉及公共安全、人身健康、生命财产安全等特定职业（工种）的劳动者，必须经过培训并依法取得职业资格或者特种作业资格”。为更好地适应这一需要，我们组织高等职业院校骨干教师和行业管理专家编写了“燃气行业从业人员专业培训教材”系列丛书。

“燃气行业从业人员专业培训教材”系列丛书针对燃气行业基本

工种，包括《燃气通用知识与专业知识》《燃气相关法律法规与经营企业管理》《燃气管网运行》《压缩天然气场站运行》《液化天然气储运》《液化石油气库站运行》《燃气用户安装检修》《燃气输配场站运行》《汽车加气站操作》，突出通识性、适用性、实用性、时效性，总结提炼典型经验做法，实现理论知识和专业技能的融合。既适用于从业人员上岗培训、待业人员就业培训，也适用于职业技能鉴定机构组织培训。对职业院校师生、燃气行业技术人员使用者也有较高的参考价值。这套教材的出版，一定能为广大燃气行业从业人员提供有益的帮助，对燃气知识的学习、技术技能的提高起到积极的推动作用。

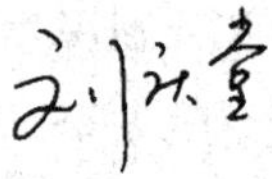

前　言

为加快燃气行业高技能人才队伍建设，推动行业全面发展，促进行业转型升级和高质量发展，我们邀请了多位知名专家和学者，通过对燃气行业现场经验总结及对燃气工程项目的实地考察，建立了一套科学的行业工程理论体系，结合实践经验和理论知识，参考有关国家标准及行业标准，共同编写了“燃气行业从业人员专业培训教材”，为燃气行业技能人才培养提供服务，以提升从业人员的职业技能，进一步提高工程质量和安全生产水平。

本书是“燃气行业从业人员专业培训教材”之一，共六章，内容包括车用燃气基础知识、加气站、压缩天然气加气站、液化天然气加气站、液化压缩天然气加气站、加气站安全管理等，本书按照汽车加气站从业人员的工作性质和相关要求编写，以系统实用、简明扼要为宗旨，注重实用性和可操作性。

编写本书时参考了大量文献资料，在此对各位编委和参与调研的专家、学者表示衷心感谢。因时间仓促、经验不足，书中的疏漏和不妥之处在所难免，恳请专家和广大读者批评指正。

目　录

第一章

车用燃气基础知识

一般民用的天然气和液化石油气的杂质量比车用燃气高，若将其直接用作汽车燃料，会对车辆造成损害，或使发动机不能正常工作，影响车辆的使用寿命和排放效果，所以供汽车使用的燃气必须要经过加工处理。国内外对车用燃气的性质和质量都有相应的标准和技术要求，只有符合标准的燃气，才能保障汽车的安全运行。

第一节　车用燃气的分类

车用燃气的种类包括压缩天然气、液化天然气及液化石油气等气体燃料。

压缩天然气（CNG），是指在常温下将低压天然气通过压缩机压缩至高压（20～25 MPa）状态的天然气。经压缩后的天然气体积可缩小到原来的 1/300～1/250，实现天然气的大量储存。

液化天然气（LNG），是指将天然气经压缩、冷却至其凝点温度（常压下−161.5℃）后变成液体。其主要成分为甲烷，还有少量的乙烷和丙烷。

在油田轻烃回收装置中处理天然气和在石油炼制过程中，都会产生一种以丙烷和丁烷为主的副产品，比较容易液化，而在常压下又是气态，与一般民用的液化气十分相似，也可以作汽车燃料使用，被称作液化石油气（LPG）。

第二节　车用燃气的质量要求

1. 车用燃气的质量要求

从地下开采出来的天然气含有烃、硫化氢、二氧化碳、水等杂质，不能直接用作汽车燃料。通常情况下在高压钢瓶的底部总会积存一定量的水，当天然气中含有的硫化氢过量时，会严重腐蚀高压钢瓶和设备管线。当天然气中含有一定量的重烃，在对天然气进行压缩的过程中，由于压力变化较大，会导致烃的露点升高，使这些重烃在天然气中变成液体。由于这些液体不能被及时气化，在储气瓶中越积越多，就会降低储气瓶的有效体积。为此，应脱去天然气中在高压下易液化的重烃，以防止发动机点火燃烧不正常。

天然气中含有水分，对天然气的燃烧尤其是用作汽车燃料十分不利。如果车用压缩天然气含水量过高，将存在 3 个方面的危害：

（1）天然气水合物会造成管道、储气瓶嘴、充气嘴等堵塞。天然气水合物是一种像冰一样的固体，它在管线、钢瓶表面沉积，不仅会降低有效容积，阻碍天然气的流动，严重时还会堵塞瓶嘴、气嘴。

（2）加速天然气中酸性气体对金属设备的腐蚀。在天然气中，总是含有少量的酸性气体，如硫化氢、二氧化碳等，这些气体在水中会发生电离，电离质子的存在会腐蚀金属设备，严重时还会造成金属开裂。

（3）当环境温度不高于 0℃时，会出现结冰。

因此，对车用液化天然气和车用压缩天然气的质量均有相应质量要求和技术指标。表 1-1 为车用液化天然气的质量要求，表 1-2 为车用压缩天然气的技术指标。

表 1-1　车用液化天然气的质量要求

常压下沸点时的性质	LNG 例 1	LNG 例 2	LNG 例 3
摩尔分数/%	—	—	—
N_2	0.5	1.79	0.36
CH_4	97.5	93.9	87.20
C_2H_6	1.8	3.26	8.61
C_3H_4	0.2	0.69	2.74
iC_4H_{10}	—	0.12	0.42
nC_4H_{10}	—	0.15	0.65
C_5H_{12}	—	0.09	0.02
相对分子质量/[kg/（km · D）]	16.41	17.07	18.52
沸点温度/℃	−162.6	−165.3	−161.3
密度/（kg/m³）	431.6	448.8	468.7
0℃和 101.325 kPa 条件下单位体积液体生成的气体体积/（m³/m³）	590	590	568
0℃和 101.325 kPa 条件下单位质量液体生成的气体体积/（m³/10³ kg）	1 367	1 314	1 211

表 1-2　车用压缩天然气的技术指标

项目	技术指标
高位发热量/（MJ/m³）	＞31.4
总硫/（mg/m³）	≤200
硫化氢/（mg/m³）	≤15
二氧化碳/%	≤3.0
氧气/%	≤0.5

续表

项目	技术指标
水露点/℃	在汽车驾驶的特定地理区域内，在最高操作压力下，水露点不应高于−13℃；当最低气温低于−8℃时，水露点应比最低气温低5℃

注：本技术指标中气体体积的标准参比条件是101.325 kPa，温度为20℃。

2. 车用液化石油气的质量要求

并非所有的液化石油气都适合用作汽车燃料，各炼油厂生产的液化石油气由于含有大量的烯烃，不适于直接作汽车燃料，而且在各炼油厂实际销售的液化石油气中一般还含有一些有害成分，如丁二烯、水、硫化物和机械杂质等。特别是烯烃在40～75℃时会聚合成为胶状物（结焦），影响蒸发调节器内膜片弹性和量孔的流动性能，丁二烯使橡胶膜片产生溶胀等。另外，烯烃抗爆性差，燃烧易冒黑烟；硫分主要会产生对钢和铝的腐蚀，燃烧后会污染环境等；当水分存在时，不仅会促使硫化物对钢瓶、管路阀门、气化器的腐蚀，而且在低温（或高压）下，会与LPG生成水化物（类冰状结晶物），堵塞管道、阀门等；机械杂质会对蒸发调节器产生粉末堵塞。因此，国内外对车用液化石油气的技术要求均有相应标准。

表1-3是现行国家标准《车用液化石油气》（GB 19159）的技术指标，对车用液化石油气的蒸气压、铜片腐蚀、总硫含量、游离水等做了严格规定。

表1-3　车用液化石油气的技术指标

项目		质量指标		试验方法
		车用丙烷	车用丙烷、丁烷混合物	
37.8℃蒸气压（表压）/kPa		≤1 430	≤1 430	GB/T 6602[①]
组分/%	丙烷	—	≥60	SH/T 0230
	丁烷及以上组分	≤2.5	—	

续表

项目		质量指标		试验方法
		车用丙烷	车用丙烷、丁烷混合物	
组分/%	戊烷及以上组分	—	≤2	SH/T 0230
	丙烯	≤5	≤5	
残留物/mL（100 mL 蒸发残留物油渍观察）		≤0.05 通过	≤0.05 通过	SY/T 7509
密度（20℃或 15℃）/（kg/m^3）		实测	实测	SH/T 0221②
铜片腐蚀		不大于 1 级	不大于 1 级	SH/T 0232
总硫含量 $\omega \times 10^{-6}$		≤123	≤140	SY/T 7508
游离水		无	无	目测

注：①蒸气压允许用现行国家标准《液化石油气蒸气压和相对密度及辛烷值计算法》（GB/T 12576）计算，但在仲裁时必须用现行国家标准《液化石油气蒸气压测定法（LPG 法）》（GB/T 6602）测定。

②密度允许用现行国家标准《液化石油气蒸气压和相对密度及辛烷值计算法》（GB/T 12576）计算，但在仲裁时必须用现行行业标准《液化石油气密度或相对密度测定法（压力密度计法）》（SH/T 0221）测定。

现行国家标准《车用液化石油气》（GB 19159）提出车用丙烷（其中要求丁烷及以上组分体积分数不超过 2.5%）和车用丙烷、丁烷混合物（丙烷不低于 60%，戊烷及以上组分不超过 2%）两种 LPG，同时限定丙烯不高于 5%，以及蒸气压、残留物、腐蚀、含硫量等要求。

第二章

加气站

第一节　加气站简介

根据气源种类，加气站可以分为天然气加气站和液化石油气加气站。天然气加气站按照建设型式又可以分为以下几类（表 2-1）。

表 2-1　天然气加气站分类

型式	气源	服务对象	加气站选址
CNG 加气母站	输气干线或城市高压管道	为车载储气瓶充装 CNG	门站或高中压调压站
CNG 加气子站	CNG 车载储气瓶	为 CNG 汽车充装 CNG	主要在市区外缘，公交车停车场
CNG 常规加气站	天然气管道	为 CNG 汽车充装 CNG	有供气能力的中压管网干线
LNG 加气站	市区小站可由大站倒运	为 LNG 汽车充装 LNG	储配站设在市区外缘，小站可设在市区外缘或公交车停车场（非上客）
L-CNG 加气站	市区小站可由大站倒运	由 LNG 转化成 CNG，为 CNG 汽车充装 CNG	储配站设在市区外缘，小站可设在市区外缘或公交车停车场（非上客）

CNG 加气站将天然气压缩至 20～25 MPa 后充装入汽车（图 2-1）。根据站区现场或附近是否有管线天然气，CNG 加气站分为 CNG 常规加气站、CNG 加气母站和 CNG 加气子站。CNG 加气母站从高压管道取气，经压缩后由运气瓶车分供到各处 CNG 加气子站，进行汽车加气。CNG 常规加气站是设在各处的加气站直接从管道内（一般是中压管道）取气压缩后进行汽车加气。

图 2-1　CNG 加气站

LNG 加气站是以液态天然气为原料的一种加气站（图 2-2），一般由 LNG 储罐、泵撬及潜液泵、储罐增压气化器、卸车气化器、EAG（Escape Air Gas）加热器、加气机等组成。

图 2-2　LNG 加气站

LPG 加气站是为燃气汽车储气瓶充装车用液化石油气的专门场所（图 2-3），一般包括储罐区（残液灌、过梯、防护墙等）、压缩机房（压缩机及相关电机）、装卸台（原料来源装卸地）、变配电房（变配电设备）、加气岛（加气机等）、避雷塔、消防设施、办公及生活楼等。

图 2-3　LPG 加气站

第二节　加气站的一般规定

（1）向加气站供气，可采取罐车运输、车载储气瓶组拖车运输或管道输送的方式。

（2）加油站可与除 CNG 加气母站外的其他各类加气站联合建站，各类天然气加气站可联合建站。加气站可与电动汽车充电设施联合建站。

（3）CNG 加气站与城镇天然气储配站的合建站，以及 CNG 加气站与城镇天然气接收门站的合建站，其设计与施工除应符合现行国家标准《汽车加油加气加氢站技术标准》（GB 50156）的有关规定外，尚应符合现行国家标准《城镇燃气设计规范》（GB 50028）的有关规定。

（4）CNG 加气站与天然气输气管道场站合建站的设计与施工，除应符合现行国家标准《汽车加油加气加氢站技术标准》（GB 50156）的有关规定外，尚应符合现行国家标准《石油天然气工程设计防火规范》（GB 50183）等的有关规定。

（5）CNG 加气站储气设施的总容积，应根据设计加气汽车数量、每辆汽车加气时间、母站服务的子站个数、规模和服务半径等因素确定。在城市建成区内，CNG 加气站储气设施的总容积应符合下列规定：

①CNG 加气母站储气设施的总容积不应超过 120 m^3。

②CNG 常规加气站储气设施的总容积不应超过 30 m^3。

③CNG 加气子站内设置有固定储气设施时，固定储气设施的总容积不应超过 18 m^3，站内停放的车载储气瓶组拖车不应大于 1 辆。

④CNG 加气子站内无固定储气设施时，站内停放的车载储气瓶组拖车不应大于 2 辆。

⑤CNG 常规加气站可采用 LNG 储罐做补充气源，但 LNG 储罐容积、CNG 储气设施总容积和加气站的等级划分，应符合表 2-2 的规定。

表 2-2　LNG 加气站、L-CNG 加气站、LNG 和 L-CNG 加气合建站的等级划分

级别	LNG 加气站		L-CNG 加气站、LNG 和 L-CNG 加气合建站		
	LNG 储罐总容积/m^3	LNG 储罐单罐容积/m^3	LNG 储罐总容积/m^3	LNG 储罐单罐容积/m^3	CNG 储气设施总容积/m^3
一级	$120<V\leqslant180$	$\leqslant60$	$120<V\leqslant180$	$\leqslant60$	$V\leqslant12$
一级*	—	—	$60<V\leqslant180$	$\leqslant60$	$V\leqslant24$

续表

级别	LNG 加气站		L-CNG 加气站、LNG 和 L-CNG 加气合建站		
	LNG 储罐总容积/m^3	LNG 储罐单罐容积/m^3	LNG 储罐总容积/m^3	LNG 储罐单罐容积/m^3	CNG 储气设施总容积/m^3
二级	60＜V≤120	≤60	60＜V≤120	≤60	V≤9
二级*	—	—	60＜V≤180	≤60	V≤18
三级	V≤60	≤60	V≤60	≤60	V≤9
三级*	—	—	V≤30	≤30	V≤18

注：带“*”的加气站专指 CNG 常规加气站以 LNG 储罐做补充气源的建站形式。

（6）加油与 CNG 加气合建站的等级划分，应符合表 2-3 的规定。

表 2-3　加油与 CNG 加气合建站的等级划分

级别	油品储罐总容积/m^3	常规 CNG 加气站储气设施总容积/m^3	加气子站储气设施/m^3
一级	90＜V≤120	V≤24	固定储气设施总容积≤12，可停放 1 辆车载储气瓶组拖车
二级	V≤90		
三级	V≤60	V≤12	可停放 1 辆车载储气瓶组拖车

注：①柴油罐容积可折半计入油品储罐总容积。

②当油品储罐总容积大于 90 m^3 时，油品储罐单罐容积不应大于 50 m^3；当油品储罐总容积小于或等于 90 m^3 时，汽油罐单罐容积不应大于 30 m^3，柴油罐单罐容积不应大于 50 m^3。

（7）加油与 LNG 加气合建站、L-CNG 加气站、LNG 和 L-CNG 加气合建站的等级划分，应符合表 2-4 的规定。

表 2-4　加油与 LNG 加气合建站、L-CNG 加气站、LNG 和 L-CNG 加气合建站的等级划分

级别	LNG 储罐总容积/m^3	LNG 储罐总容积与油品储罐总容积合计/m^3	CNG 储气设施总容积/m^3
一级	V≤120	150＜V≤210	V≤12
二级	V≤60	90＜V≤150	V≤90

续表

级别	LNG 储罐总容积/m^3	LNG 储罐总容积与油品储罐总容积合计/m^3	CNG 储气设施总容积/m^3
三级	$V \leqslant 60$	$V \leqslant 90$	$V \leqslant 8$

注：①柴油罐容积可折半计入油罐总容积。

②当油罐总容积大于 90 m^3 时，油罐单罐容积不应大于 50 m^3；当油罐总容积小于或等于 90 m^3 时，汽油罐单罐容积不应大于 30 m^3，柴油罐单罐容积不应大于 50 m^3。

③LNG 储罐的单罐容积不应大于 60 m^3。

第三节　站址选择

（1）加油、加气站的站址选择，应符合城乡规划、环境保护和防火安全的要求，并选在交通便利的地方。

（2）在城市建成区不宜建一级加气站、一级加油加气合建站、CNG 加气母站；在城市中心区不应建一级加油站、一级加气站、一级加油加气合建站、CNG 加气母站。

（3）城市建成区内的加油加气站，宜靠近城市道路，但不宜选在城市干道的交叉路口附近。

（4）CNG 加气站的撬装设备与站外建（构）筑物的安全间距，不应小于表 2-5 中的安全间距。

表 2-5　CNG 加气站的撬装设备与站外建（构）筑物的安全间距

站外建（构）筑物	站内 CNG 工艺设备		
	储气瓶/m	集中放散管管口/m	储气井、加（卸）气设备、脱硫脱水设备、压缩机/间
重要公共建筑物	50	30	30
明火地点或散发火花地点	30	25	20

续表

站外建（构）筑物		站内CNG工艺设备		
		储气瓶/m	集中放散管管口/m	储气井、加（卸）气设备、脱硫脱水设备、压缩机/间
民用建筑物保护类别	一类保护物	30	25	20
	二类保护物	20	20	14
	三类保护物	18	15	12
甲类、乙类物品生产厂房、库房和甲、乙类液体储罐		25	25	18
丙类、丁类、戊类物品生产厂房、库房和丙类液体储罐以及容积不大于50 m^3的埋地甲类、乙类液体储罐		18	18	13
室外变、配电站		25	25	18
铁路		30	30	22
城市道路	快速路、主干路	12	10	6
	次干路、支路	10	8	5
架空通信线和通信发射塔		1倍杆（塔）高	1倍杆（塔）高	1倍杆（塔）高
架空电力线路	无绝缘层	1.5倍杆（塔）高	1.5倍杆（塔）高	1倍杆（塔）高
	有绝缘层	1倍杆（塔）高	1倍杆（塔）高	

注：①室外变、配电站是指电力系统电压为35～500 kV且每台变压器容量在10 MV·A以上的室外变、配电站，以及工业企业的变压器总油量大于5 t的室外降压变电站。其他规格的室外变、配电站或变压器应按丙类物品生产厂房确定。

②油罐、加油机和油罐通气管管口与郊区公路的安全间距应按城市道路确定，高速公路、一级公路和二级公路应按城市快速路、主干路确定；三级公路和四级公路应按城市次干路、支路确定。

③重要公共建筑物的主要出入口（包括铁路、地铁和二级及以上公路的隧道出入口）不应小于50 m。

④储气瓶拖车固定停车位与站外建（构）筑物的防火间距，应按表中储气瓶的安全间距确定。

⑤一级、二级耐火等级民用建筑物面向加气站一侧的墙为无门窗洞口实体墙时，站内CNG工艺设备与该民用建筑物的距离，不应低于本表规定的安全间距的70%。

第四节　站内平面布置

（1）站内车辆入口和出口应分开设置。

（2）站内车道和停车位应符合下列规定：

①站内车道或停车位宽度应按车辆类型确定。CNG 加气母站内单车道或单车停车位宽度，不应小于 4.5 m，双车道或双车停车位宽度不应小于 9 m；其他类型加油加气站的车道或停车位，单车道或单车停车位宽度不应小于 4 m，双车道或双车停车位宽度不应小于 6 m。

②站内车道的转弯半径应按行驶车型确定，且不宜小于 9 m。

③站内停车位应为平坡，道路坡度不应大于 8%，且宜坡向站外。

④加油加气作业区内的停车位和车道不应采用沥青路面。

（3）加油、加气作业区与辅助服务区之间应有界线标志。

（4）在加油、加气合建站内，宜将柴油罐布置在 LPG 储罐或 CNG 储气瓶（组）、LNG 储罐与汽油罐之间。

（5）加油、加气作业区内，不得有“明火地点”或“散发火花地点”。

（6）加油、加气站的变、配电间或室外变压器应布置在爆炸危险区域外，且与爆炸危险区域边界线的距离不应小于 3 m。变、配电间的起算点应为门窗等洞口。

（7）加油、加气站内的爆炸危险区域，不应超出站区围墙和可用地界线。

第三章

压缩天然气加气站

压缩天然气加气站也称 CNG 加气站，是以压缩天然气为燃气汽车加注燃料的场站，如图 3-1 所示，根据加气站功能和气源不同，通常将压缩天然气加气站分为 CNG 常规加气站、CNG 加气母站及 CNG 加气子站 3 类。

图 3-1　CNG 常规加气站

第一节　CNG 常规加气站基本工艺及操作规程

CNG 常规加气站又称 CNG 标准站，一般从加气站附近的燃气管线取气，经脱硫、脱水处理后进入压缩机压缩，之后储存于储气瓶组，并通过加气机为汽车供气，建站规模一般为 8 000～20 000 Nm^3/d，其主要工艺系统如图 3-2 所示。

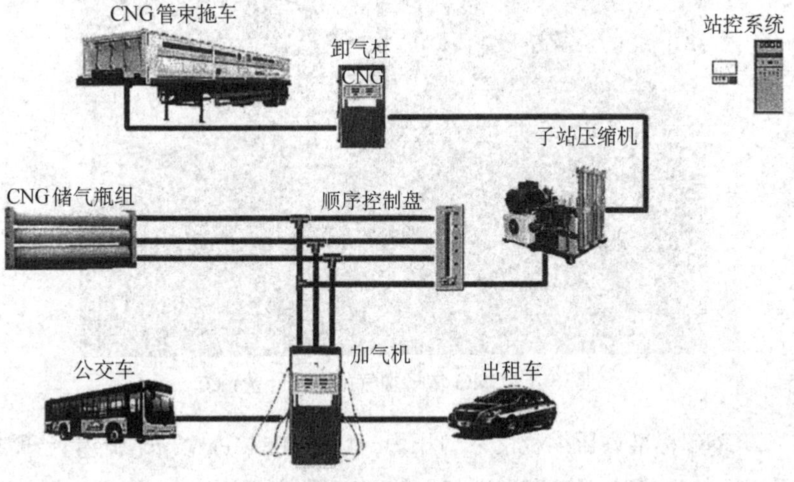

图 3-2　CNG 常规加气站工艺系统

1. CNG 常规加气站调压计量系统及操作规程

CNG 常规加气站的气源来自附近的天然气管道，天然气进站管道上一般设有调压计量系统，以保障流量计的计量稳定性和满足下游设备（如压缩机等）的进气要求。

1）CNG 常规加气站调压计量系统

进站管道上的调压计量系统一般采用“1+1”的形式，即“调压+旁通”，由进出口阀门、过滤器、调压设备、流量计、安全阀、旁通管路及相关仪表等装置组成（如图 3-3 所示），其工艺如下：原料天然气通过过滤器分离出杂质，进入机械式调压装置或 PLC 控制的自动调压装置，将天然气压力调至 CNG 压缩机需要的进气压力，使压缩机进气压力保持在一定范围内，保证其正常工作，同时通过计量装置记录供气量，为核算供需气量做准备。

图 3-3　CNG 常规加气站调压计量系统

CNG 标准站压缩机的入口压力一般在 0.5 MPa 以下；流量计通常采用涡轮流量计，仅作为内部核算的可采用精度为 1.0 级或 1.5 级的流量计，对外结算的可采用精度更高的 0.5 级流量计，核算时应注意体积流量计量的基准状态为压力 101.325 kPa，温度为 20℃。

2）CNG 常规加气站调压操作规程

（1）开启进口阀门。

开启进口阀门前应检查下游各类压力仪表的仪表阀是否关闭，若未关闭仪表阀容易在开启进口阀门时受到快速高压气流的冲击。

缓慢打开进口阀门，听到气流声时应暂停进口阀门，待气流声停止后，再缓慢全开进口阀门，这样可以避免过滤器受到快速冲击而出现损伤，同时在开启进口阀门时应不断观察上游压力表，以防有过高压力的气体进入管道系统。

进口阀门打开后，气体所至的管段上的压力仪表阀可以缓慢打开，开始测量管段内的天然气压力。

（2）启用过滤器。

缓慢打开过滤器前阀门，听到气流声时暂停前阀门，待气流声停止后，再缓慢全开过滤器前阀门；然后缓慢打开压差表下游（低压侧）取压阀，再缓慢打开压差表上游（高压侧）取压阀，读取压差表数值。

燃气过滤器（图 3-4）在使用过程中能够过滤天然气中的粉尘、水分、油分等杂质和杂物，起到洁净天然气的作用，但是随着杂物积累，滤芯会被逐渐堵塞，增大过滤器前后的压差，当压差表读数超过 10 kPa 或指针进入表盘红色区域时，应及时清洗滤芯。

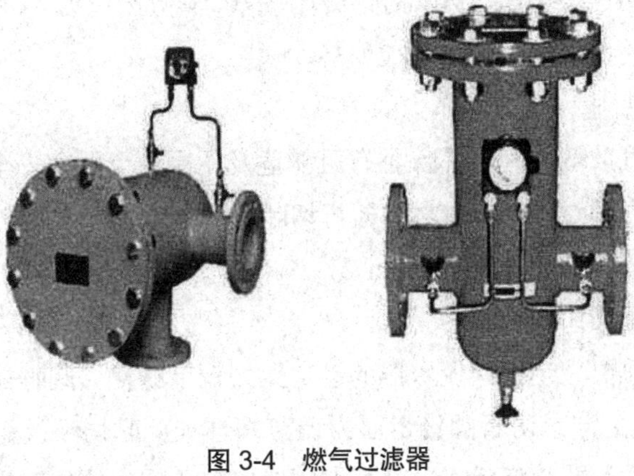

图 3-4　燃气过滤器

（3）调压。

①调压器分类。燃气调压器根据作用原理分为直接作用式调压器和间接作用式调压器两种。

直接作用式调压器通过内信号管路或外信号管路来感应下游压力的变化。下游压力通过在传感元件（皮膜）上产生的力与加载元件（弹簧装置）产生的力进行对比，移动皮膜和阀芯，从而改变调压器流通通道的大小。

间接作用式调压器是由指挥器内出口压力和调压弹簧的相互作用调定一个负载压力来控制调压器主阀口的开度，从而改变调压器流通通道的大小，其中指挥器的主要功能是为了增强调压器的敏感性（扩大压差或加快压差传递速度）。

②调压时有关运行参数的确定。

a. 关闭压力与出口压力的关系。

根据调压器稳压精度 S_p（S_p=0.5%～1.5%）及其性能，其关闭压力 P_b 与出口压力 P_2 之间的关系：P_b=（1.1～1.25）P_2。

b. 关闭压力与放散压力的关系。

安全放散装置可以缓解调压器关闭不严造成的泄漏问题，一般考虑超过关闭压力 10%～20%时即开始放散，其关闭压力 P_b 与放散压力 P_f 之间的关系：P_b=（1.1～1.2）P_f。

c. 切断压力与放散压力的关系。

因燃气放散不利于环保且有可能危及周围生命财产安全，一般考虑放散压力超过 10%～20%时即可切断气源，其切断压力 P_q 与切断压力 P_f 之间的关系：P_q=（1.1～1.2）P_f。

③调压操作规程。

调压前要完全拧松调压器的设定压力调节螺栓（此时调压器阀口关闭），完全拧紧切断阀设定压力调节螺杆（此时切断阀起跳压力最高）并复位保持开启状态；打开调压器出口压力表的仪表阀，注意观察压力示值的变化；缓慢打开调压器的进口阀向调压器供气直至全开。在调试过程中，调压器应关闭，如图 3-5 所示。然后，按以下步骤进行：

a. 调节切断阀压力。

慢慢旋紧燃气调压器的调节螺杆并注意压力表的示值变化，调节燃气调压器出口压力直至切断阀的设定切断压力，慢慢放松切断阀口的切断压力，调节螺杆直至停止切断阀动作；此时，把切断阀动作时的气体压力设置为切断阀的设定切断压力。锁定切断阀的调节螺杆，切断阀调试完毕（图 3-5）。

(a) 实物　　(b) 结构示意

图 3-5 带切断功能的直接作用式燃气调压器

b. 调节放散阀压力。

彻底放松调压器调节螺杆，旋转切断阀复位旋钮，使切断阀处于开启状态，打开调压器上的排放气嘴，将调压器中的压力泄放掉后关闭排放气嘴。慢慢旋紧调压器压力调节螺杆，调节调压器出口压力至安全放散阀设定放散压力；此时，如果安全放散阀启动放散，则旋紧安全放散阀的调节螺杆至安全放散阀停止放气为止；如果安全放散阀处于关闭状态，则放松安全放散阀调节弹簧至安全放散阀即将启动放散为止。然后将调节螺杆锁定，安全放散阀设定完毕。

c. 调节出口压力。

彻底放松调压器调节螺杆，打开调压器上的排放气嘴，将调压器中的压力泄放后关闭排放气嘴，然后慢慢旋紧调压器压力调节螺杆，直至调压器出口压力升至出口设定压力为止。锁定调压器调节螺杆，调压器调节完毕。

间接作用式燃气调压器如图 3-6 所示。

(a) 实物

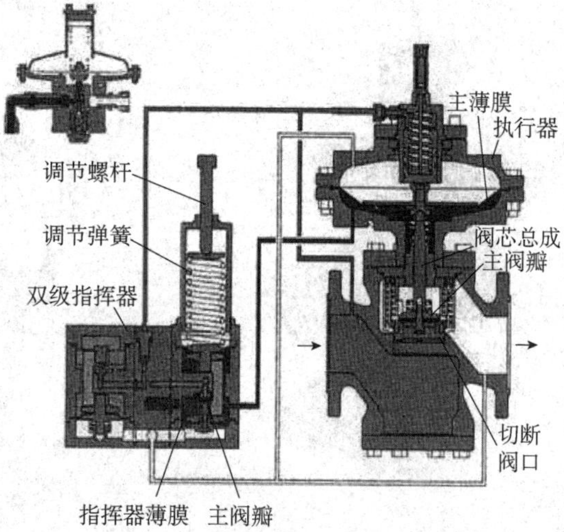

(b) 结构示意

图 3-6 间接作用式燃气调压器

2. CNG 常规加气站净化工艺及操作规程

CNG 常规加气站净化天然气的目的主要是脱除其中的硫分、CO_2（酸性气体）、水分及其他杂质，防止杂质影响下游设备的工作或对下游设备造成损伤。天然气中存在的硫分主要是硫化氢（H_2S），还可能含有一些有机硫化物，如硫醇、硫醚、氧硫化碳（COS）及二硫化碳（CS_2）；CO_2 等酸性气体的存在会腐蚀金属，且 CO_2 含量过高会使天然气热值达不到要求；水分过多会造成压缩机损伤和汽车发动机损伤。

CNG 常规加气站净化天然气的方式可分为前置处理和后置处理两种形式。前置处理，即在压缩前对天然气进行干燥和净化，目的是保护压缩机的正常运行，是当前净化天然气的主流趋势，因为压缩机是 CNG 常规加气站的核心设备；后置处理，即在压缩后对压缩天然气进行干燥和净化，其目的是保证所售气质的纯净，不但可以确保在发动机中燃烧良好，不对发动机产生任何危害，也可避免对售气系统造成损害。

1）CNG 常规加气站净化工艺

（1）脱硫。

根据现行国家标准《车用压缩天然气》（GB 18047）中的规定，车用压缩天然气中硫化氢（H_2S）的含量必须小于或等于 15 mg/m^3，所以 CNG 常规加气站压缩机前一般会设置脱硫装置（如果上游已进行脱硫作业且含硫量符合相关规定，可不设脱硫装置），如图 3-7 所示。

图 3-7 脱硫塔

天然气脱硫主要分为干法脱硫和湿法脱硫两种，其中干法脱硫是采用固体吸附剂（如海绵状氧化铁、分子筛、天然泡沸石、活性炭等）脱硫，工艺简单、成本低，但脱硫剂硫容有限，适用于含硫量低的天然气，加气站常用该法脱硫；湿法脱硫是采用化学溶剂（如碱性盐溶液或烷醇胺溶液）、物理溶剂（如有机化合物溶剂）脱硫或直接通过氧化还原反应脱硫，工艺复杂，但脱硫量大、效果好，溶剂可再生，所以适用于天然气生产时脱硫。

固体吸附法是利用天然气中不同组分在吸附剂表面吸附性能的差异，选择性去除酸性组分的一种方法，其利用的就是氧化铁（Fe_2O_3）与天然气中的 H_2S 发生化学反应，达到去除 H_2S 的目的。其中，分子筛因其具有孔径均匀的微孔孔道，允许直径较小的分子进入孔内而得名，它是一种强极性吸附剂，对极性、不饱和化合物及易极化分子有很高的亲和力。分子筛对天然气中各组分的吸附顺序为水、硫醚、硫醇、H_2S、COS、CS_2、CO_2、氮气（N_2）、CH_4。

典型的干法脱硫装置由饱和塔、2 台脱硫塔（脱硫塔 A、脱硫塔 B）和 1 台净化分离器及配套工艺管道、阀门、仪表等构成。塔内装填脱硫剂，其活性成分与天然气中 H_2S 接触，发生化学反应，从而去除气体中的 H_2S。脱硫剂的活性成分为 Fe_2O_3，并添加有多种助催化剂。在常温下，脱硫剂中的 Fe_2O_3 与 H_2S 发生以下吸收反应：

$$Fe_2O_3+H_2O+3H_2S \longrightarrow Fe_2S_3 \cdot H_2O+3H_2O$$

原料气水含量低的气体，其脱硫反应速度也慢，因此要求进料气水含量达到饱和或接近饱和。该法工艺流程简单，经分离后的原料气进入水饱和塔达到水饱和后进入固体脱硫塔，脱硫塔的空塔线速一般为 0.1～0.3 m/s，脱硫后的天然气经过滤器除去携带的脱硫剂粉尘后排出装置。如原料气水含量已达到饱和或接近饱和，则不必设置水饱和塔；如果原料气水含量过高，则可考虑在脱硫塔前端设置净化分离器（图 3-8）。

经过 3～5 次的再生，脱硫剂化学活性大大降低，几近失效（失效的标志为再生时塔内高温持续时间显著缩短），需更换新的脱硫剂。

当脱硫剂（再生型）完全反应（饱和）后，不再具有脱硫能力，须通入空气再生重复使用。再生反应如下：

$$2Fe_2S_3+3O_2 \longrightarrow 2Fe_2O_3+6S \text{（慢速反应）}$$

或

$$2Fe_2S_3+9O_2 \longrightarrow 2Fe_2O_3+6SO_2 \text{（快速反应）}$$

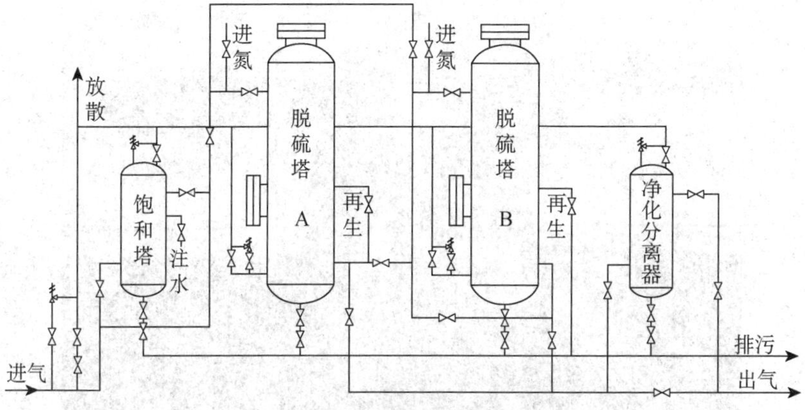

图 3-8　干法脱硫工艺

在再生过程中，应控制入塔的空气量，进行慢速反应，即反应温度小于或等于 60℃；避免进入大量空气，发生燃烧。

（2）脱水。

脱水干燥的方式还可按脱水装置在 CNG 加气站工艺流程中的位置，分为低压脱水、中压脱水和高压脱水 3 种。这 3 种脱水方式都能达到车用 CNG 的脱水要求。

①低压脱水（0.3～4 MPa）。

在压缩机的进口处，由于被干燥气体压力低、水含量高，因此，这种脱水工艺的特点是干燥剂的再生采用闭式循环回路，脱水塔（图 3-9）包括 2 台充填分子筛干燥剂的干燥器，1 台循环风机，1 台冷却器，1 台分离器和 1 台加热器。充填分子筛干燥剂的干燥器通过风机反复循环一定量的气体来完成工作。这种方式的脱水装置，由于受再生条件的制约，温度要低于 60℃（标准状态下）有一定的困难，且其设备占地面积大，多用于 CNG 加气母站。

②中压脱水（4～7 MPa）。

脱水装置放置在压缩机的中间级出口处，根据压缩机入口压力的高低，确定放置在一级出口还是二级出口。国内机组的入口压力为

图 3-9 脱水塔

0.3 MPa，宜放置在二级出口。一般来说，脱水压力控制在 4 MPa 左右比较有利，这样既可将气体中所含的大部分水在 4 MPa 左右的压力下分离，又能使设备和管道、阀件的压力等级控制在 4 MPa 这一公称压力级上。在 4.0 MPa 压力下，气体的饱和水含量约为常压下饱和水含量的 3%，约为 0.3 MPa 压力下饱和水含量的 10%。中压脱水的干燥剂也为分子筛，使用场合主要是 CNG 加气母站。

双塔脱水装置由分子筛脱水塔、换热器、分离器、循环风机和加热电炉等部件组成，设备分干燥吸附系统和闭式循环再生系统两大部分，安全阀为再生系统的保护装置（图 3-10）。

a. 吸附流程：原料气、吸附塔—过滤器—干燥气体至压缩机。

b. 再生流程：循环风机、加热电炉—吸附塔/换热器—分离器。

c. 冷吹：即加热完毕后，再将吸附塔吹冷至常温。

③高压脱水（7～25 MPa）。

脱水装置放置在压缩机末级出口，通常压力为 25 MPa 时由于气体中所含的绝大部分水已在压缩机的逐级压缩中被分离出去，所以在 25 MPa 压力下气相中的饱和水含量已非常少，仅相当于常压下饱和水

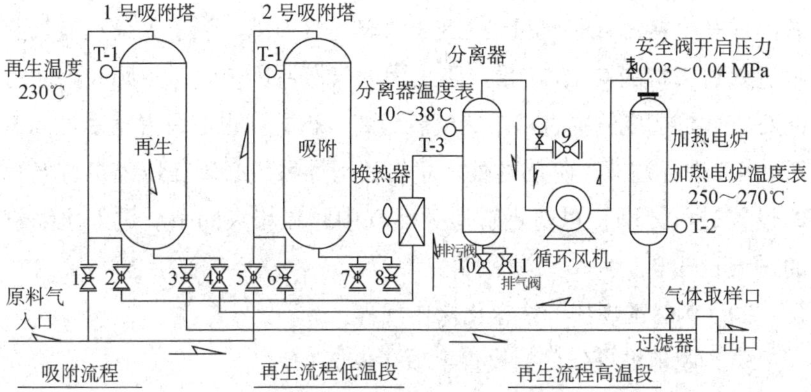

图 3-10　双塔脱水工艺

含量的 0.91%，约为 0.3 MPa 压力下饱和水含量的 3%。高压脱水仍需要加热再生；因此，也需要加热器、冷却器和分离器，其工艺原理流程与中压脱水相同，只是设备尺寸和压力等级不同而已，因其结构紧凑，一般用于 CNG 常规加气站。

另外，高压脱水场合，在冬季最低气温不低于−7℃的地区，干燥剂可选用硅胶干燥剂，以降低再生操作温度。但对冬季最低温度低于−7℃的地区，则必须使用分子筛干燥剂。

低压脱水、中压脱水、高压脱水各有优缺点，尤其在需要深度脱水时高压脱水更有优势。

经过压缩后的天然气因压力升高和在冷却器中降温后发生水和烃类的凝结，加之在压缩过程中润滑油也会混入天然气，因此，应设置油气分离器对压缩天然气进行脱油处理。

经过液气分离的压缩天然气可能仍未达到 CNG 汽车使用的气质要求，所以在其后还要设置前过滤器、干燥器和后过滤器，进一步对 CNG 进行净化和干燥。

天然气进行净化和干燥后方可对加气站的储气瓶充气储存、直接售气或给 CNG 汽车瓶充气。除直接售气（CNG 不进入加气的储气瓶，而是直接进入售气机给CNG汽车充气）外，为了保证从储气瓶中进入售气机的CNG质量，防止因为气瓶原因使气质下降和因此可能对售气机造成的损害，在储气瓶与售气机之间也应设置精密过滤器对CNG进行过滤。除此之外，净化和干燥系统必须在压缩机进气管线设置进气滤网，以防止管道天然气中颗粒粗大的杂质进入压缩机的进气管线。

2）CNG常规加气站净化操作规程

（1）脱硫塔操作前的检查事项（表3-1）。

表3-1 脱硫塔操作前的检查事项

序号	文件检查	设备检查
1	设备安装记录	设备固定情况检查
2	管道吹扫及试压记录	阀门阀杆转动灵活性检查
3	设备填料装填记录	设备、管道连接牢固性检查
4	自控检测系统调试记录	—
5	消防水管通水试压记录	—
6	阀门试压及保温防腐记录	—

①准备工作：

a. 操作人员已经培训合格；

b. 准备好安全消防器具（灭火器、防毒面具、安全警示牌等）；

c. 检查相关文件和设备。

②置换脱硫。

a. 为减少天然气放空损失，采用4台设备串联形式置换。

b. 氮气置换空气，从进氮口注入氮气，在取样口分析置换气，当氧气含量不超过0.5%时置换完毕。

c. 净化气置换氮气，逆流程操作，即从净化气总阀引入天然气向装置充压。

d. 设备升压时，注意控制压力上升速度不超过 0.1 MPa/min。

e. 当压力升至 0.1～0.2 MPa 时，脱硫塔 A、脱硫塔 B、净化分离器开始排污。

f. 当压力升至 0.2 MPa 时，脱硫塔 B 做备用，并做氮气低压保护，防氧化、防潮。

g. 开原料气进气阀，缓慢上升脱硫塔 A 压力与净化气管线压力平衡。

h. 填写操作记录表。

③倒塔。

a. 净化气置换脱硫塔 B 内氮气，逆流程操作，即从净化气总阀引入天然气向装置充压。

b. 脱硫塔 B 升压时，注意控制压力上升速度不超过 0.1 MPa/min。

c. 当脱硫塔 B 压力升至 0.2 MPa 时，关闭脱硫塔 A 的进出口阀门以备用。

d. 脱硫塔 A 排污时，做好氮气低压保护，防氧化、防潮。

e. 开原料气进气阀，缓慢上升脱硫塔 B 压力与净化气管线压力平衡。

f. 填写操作记录表。

（2）脱水操作规程。

①准备工作及注意事项：

a. 设备启用或长期停用后再使用时，应用天然气逐渐置换出装置内的空气。

b. 严禁用天然气通过设备吹扫脱水装置后面的管道。

c. 再生过程中，冷却风机启动后应每半小时放一次水，装有排水阀的设备可自动排水。冬季北方地区再生加热时应接通电加热带。

d. 操作人员已经培训合格。

e. 准备好安全消防器具（灭火器、防毒面具、安全警示牌等）。

f. 检查相关文件和设备。

②吸附操作（图 3-10）：

a. 用 1 号吸附塔吸附，关闭阀 2、阀 4、阀 5、阀 6、阀 7、阀 8，逐渐开启阀 1、阀 3，湿气经 1 号吸附塔吸附后经过滤器出撬装设备进入天然气压缩机。

b. 当 1 号吸附塔的成品气水露点通过在线露点仪检查超标后，用 2 号吸附塔吸附，关闭阀 1、阀 2、阀 3、阀 4、阀 6、阀 8，逐渐开启阀 5、阀 7，湿气经 2 号吸附塔吸附后经过滤器出撬装设备进入天然气压缩机。

c. 两组吸附塔的作用，当一组进行吸附操作时，另一组进行再生，两组吸附塔交替工作。

③再生操作（图 3-10）：

a. 再生塔 1。

关闭阀 1、阀 2、阀 3、阀 4、阀 6、阀 8，将排污阀 10 打开，逐渐开启阀 2，将 1 号吸附塔内的天然气放出至常压后关闭排污阀 10，然后再完全开启阀 2、阀 4，启动循环风机，当循环风机运转后，再接通电炉（风机与电炉的启动是互锁的），用阀 9 控制循环风机出口的风量以控制电炉出口温度。

阀 9 打开的循环风机出口进入塔内的天然气越少，电炉出口表 T-2 温度就越高；反之，电炉出口表 T-2 温度就越低，表 T-2 温度应控制在 250～270℃。

表 T-3 温度上限设在 37℃自动开启冷却风机，北方冬季再生时，换热器的出口下限温度控制在 15℃左右，当下限温度达到 15℃时自动关闭冷却风机，使冷却后的水不至于在换热器和管路内结冰。当温度达到表 T-1 设置的上限点 230℃时，控制柜自动关闭电炉电源，循环风机和冷却风机继续运转进行强制冷却，当温度降至表 T-1 设置的 70℃时，控制柜自动关闭循环风机和冷却风机，停止冷吹，关闭阀 2、阀 4，让吸附塔自然冷却至 40℃以下，即可投入吸附。

为防止操作失误，排污阀 10 在吸附塔不再生时，应常开。通常情况下，由于吸附的时间较长，当表 T-2 温度降到 150℃时可手动关闭循环风机，然后自然冷却至常温。

b. 再生塔 2。

关闭阀 2、阀 4、阀 5、阀 6、阀 7、阀 8，并逐渐开启阀 6，将 2 号吸附塔内的天然气放出至常压后，再开启阀 6、阀 8，其余操作程序与再生 1 号吸附塔相同。

3. CNG 常规加气站加压储存工艺及操作规程

天然气在经过脱硫、脱水工艺后，达到现行国家标准《车用压缩天然气》（GB 18047）的相关标准，即可进入压缩机进行加压，使其压力达到 25 MPa，然后进入储气井或储气瓶组进行储存，以备汽车加气。

1）CNG 常规加气站加压储存工艺

图 3-11 和图 3-12 是 CNG 常规加气站的核心部分，其工艺流程是脱硫、脱水后的天然气进入缓冲罐，停留 10 s 以上后的天然气进入压缩机压缩升压，同时为降低压缩机和天然气的温度，需设置冷却系统，压缩后的天然气经油气分离器后进入缓冲罐停留，最后经顺序控制盘进入储气瓶组储存。

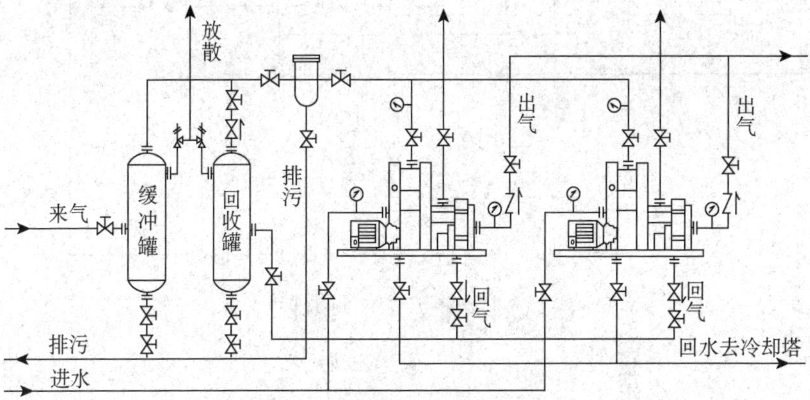

图 3-11 天然气压缩存储工艺流程

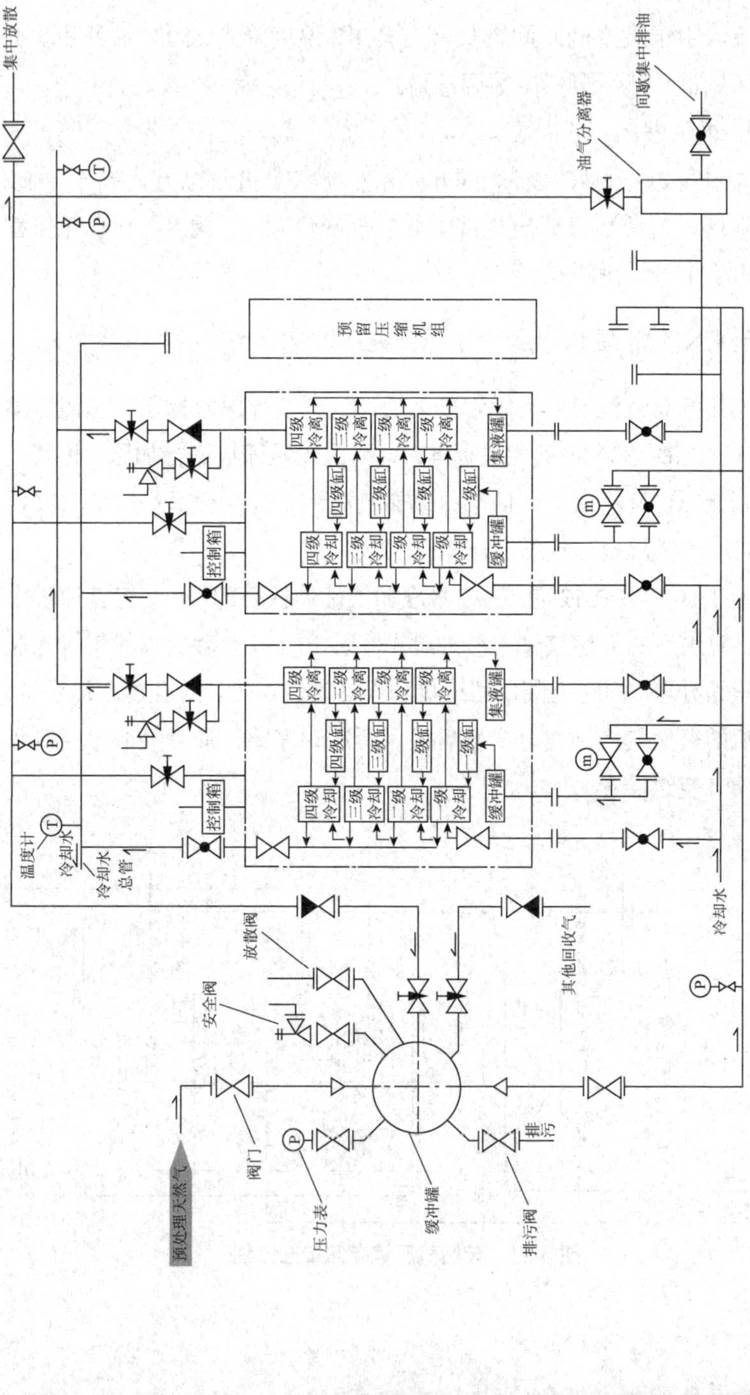

图 3-12 天然气压缩工艺

缓冲罐严格来讲应包括压缩机每一级进气缓冲，其目的是减小压缩机工作时的气流压力脉动以及由此引起的机组振动，以免对机组零部件造成损害。由于压力脉动主要与管道的设计有关，其脉动大小因为不同的机组和管道而有很大差别，有的在保证使压力脉动足够小的前提下取消了缓冲罐，而以进气分离器兼缓冲作用来消除一部分压力脉动。

回收罐主要回收的是每一级压缩后的天然气经冷却分离后随冷凝油排出的一部分废气；压缩机停机后，留在系统中的天然气；各种气动阀门的回流气体等先回收起来，并通过一个调压减压阀，返回到压缩机入口。当罐中压力超过其上的安全阀压力时，将自动集中排放，凝结分离出来的重烃油也可定期从回收罐底部排出，相当于天然气回收系统，它最主要的作用是用于压缩机的卸载启动，压缩机停机后需要再启动。必须将排气管线中的高压天然气放到这一系统中，使压缩机卸载启动，从而保证机组的正常操作，以免烧毁主电机。另外，还可以回收各级安全阀泄放的天然气，压缩机中泄放的天然气和前、后分离器收集的天然气，干燥中再生的天然气等。回收罐是加气站中必不可少的设备，对于保护加气站的工作环境、节约能源、保障机组正常运行都具有重要意义。

实际上有的厂商在保证压力脉动足够小的前提下，取消了缓冲罐，或以进气分离罐代替缓冲罐的作用，还有的将进气缓冲罐和废气回收罐合二为一，具有双重作用，如图 3-13 所示。

2）CNG 常规加气站加压储存操作规程

本书以表 3-2 为例来讲解 CNG 常规加气站的加压操作规程。该型压缩机采用整体撬装设备卧式对称两列三罐三级压缩，电动机与压缩机共用一个撬体，对称平衡布置，振动小，冷却系统为闭式循环，有可靠的安全放空，排污系统仪表自动控制完善可靠，能实现机组超速、超压、超温、超振动等全面自动保护。

图 3-13　缓冲罐与除油分离器

表 3-2　压缩机技术参数

项目参数	天然气压缩机
型号规格	ALPH 3-5000 DA/250-3625-3 WC
入口压力	1.6 MPa
排气压力	25 MPa
总排量	3 000 Nm^3/hPa1.6 MPa
功率	336 kW
转速	1 250 r/min
防爆电机：2X 250HP380V50Hz　级数：2 级	

设备包括主机、压缩机级间管路系统、压缩机卸压和气体回收系统、压缩机冷却系统、压缩机润滑系统、压缩机电气控制系统、整体撬装等。

（1）准备工作。

①检查系统流程是否畅通。

②检查压缩机机器及各部件是否符合开机条件。

③检查配电系统及电压是否符合开机要求。

④检查机身润滑油油位及注油器是否正常，检查水池水位是否

正常。

⑤检查气路各处阀门的开关情况（顺序按照气体流动方向进行逐一检查），使压缩机处于空载启动的状态。

⑥检查各种仪表、安全阀和继电保护装置，是否处于完好状态。

⑦检查机身和气缸的连接螺栓及地脚螺栓有无松动现象，机身、电动机、地沟、地面和平台上应无多余物件，地面无油渍，保护装置、灭火器等应齐全，并放在指定位置。

（2）启动。

①控制柜电源开关扳到“ON”的位置。

②控制柜触摸控制屏上无报警指示。

③压缩机内开关由“OFFLINE”转向“AUTO”。

④压缩机将根据 PLC 的程序进入开机状态，压缩机的操作将通过控制系统进行自动控制。

⑤顺序按下循环水泵启动、风机启动按钮（视出口温度而定）。

⑥到压缩机房观察水压及风机运行情况，确定正常后，关闭压缩机进气缓冲罐排污阀，打开第 3 级排污阀，按下控制柜的启动按钮后，注油泵启动，待注油泵运行 15 s 后，主电机自动运行。

⑦待主电机启动平衡后，关闭第 3 级排污阀，缓开进气阀门，逐渐加大至规定进气压力。

⑧启动结束后应及时检查主机、油泵、水泵电机运行情况及各种运行指示表显示情况，并特别注意主机是否投入全压运行，观察进气压力和电流大小。

（3）停用。

①压缩机内开关由“AUTO”转向“OFFLINE”，自动卸载并停机。

②关闭气体进口阀门。

（4）紧急情况处理。

①运行中如突然停电，应立即关闭压缩机电源，关闭压缩机进出

口阀门，待恢复供电后，重新启动。

②一旦发现压缩机有严重天然气泄漏，应立即用钥匙关机。

③与压缩机相连的加气机一旦发生泄漏，按下“ESD”按钮，切断压缩机与加气机的连接。

（5）安全注意事项。

①操作时，操作人员必须穿防静电工作服，不得带入通信设备及火种，禁止穿钉掌鞋。

②每天对压力表、温度表进行一次检查，并按期对压力表、安全阀进行检验。

③机组严禁带负载启动。

④若机组出现故障需紧急停车，应立即切断电源，迫使主机带负载停止运转，然后立即打开各级排污阀，关闭送气阀门，切断供气阀门。

⑤机组运行时必须保持气路、水路畅通，执行先开后关的原则，防止憋压。

4. CNG 常规加气站冷却系统工艺及操作规程

1）CNG 常规加气站冷却系统工艺

如图 3-14 和图 3-15 所示，冷却系统的作用是为了保障天然气在最终排气压力下的温度不超过设计要求。冷却系统分为两部分：一部分为压缩气体的冷却，另一部分为润滑油的冷却。

对压缩气体的冷却一般有三种方式，即水冷、风冷、混冷（风冷+水冷）。

水冷的主要特点是冷却效果好，适用于较大热负荷和高压比的压缩机，但气缸要增加水套，结构复杂，而且在缺水干旱的地方不适宜，一般采用直立式和对称平衡式压缩机（卧式）。

图 3-14　天然气冷却系统

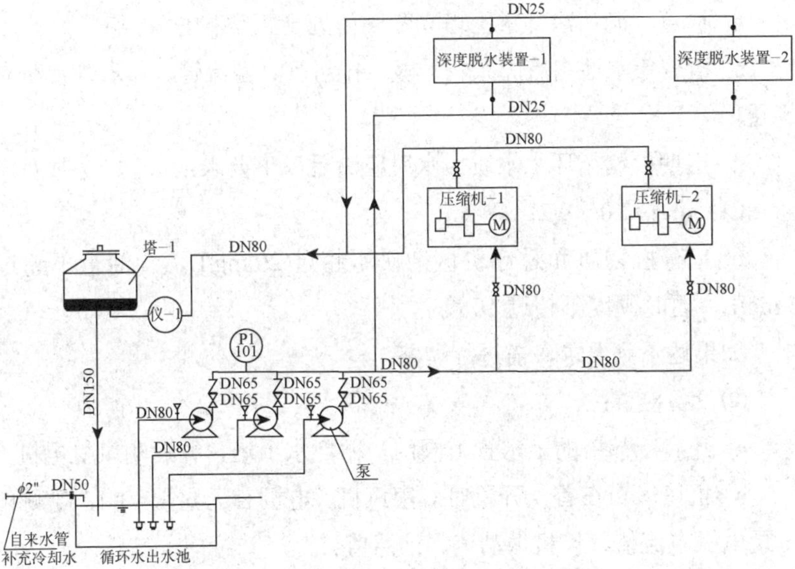

图 3-15　天然气冷却系统工艺

风冷压缩机的气缸一般设置有散热翅片，排出的高温气体进入冷却器的散热管束后，用风扇吹风进行冷却。比起水冷方式，风冷压缩机的每一级压比都不能太高，因为过高的压比会导致排气温度过高，可能会造成冷却效果不好的后果。

润滑油的冷却是保证润滑系统正常工作的必要措施，也可以像压缩气体的冷却一样采用风冷或水冷。CNG 压缩机的润滑油冷却器一般与天然气的冷却器设计成整体式的，这样可以使机组结构紧凑、美观。

冷却系统是压缩机的常规系统，技术发展比较成熟，对 CNG 压缩机而言技术难度不高。无论是风冷还是水冷，从技术性能角度来讲，通过良好的设计均能达到 CNG 常规加气站所要求的供气温度条件。

2）CNG 常规加气站冷却系统操作与管理维护

（1）操作要求：

①凉水池及附属设备的总体检查：

a. 定期检查和确认冷却塔内全部设备部件完好、可用。

b. 检查、确认冷却塔上塔立管阀门处于正常状态。

c. 检查集水池内有无杂物垃圾，排污管、溢流管、补水管管路应畅通。

d. 定期检测循环水水质，水质应满足以下要求：

（a）pH：7.0～9.2；

（b）有机物质和悬浮机械杂质不超过 20 mg/L，含油量不超过 5 mg/L，暂时硬度不超过 10 度。

如果达不到要求，需进行调整。

②设备检查：

a. 开启冷却塔的上水管道阀门，循环水上塔，并启动风机电机。

b. 机修人员在首次开机时观察风机、电机有无异常声响，观测和记录电机电流值、风机振动值、油温值。

c. 观察冷却塔集水池上的雨区淋水情况，以及是否存在明显不匀区域或水柱，如有以上情况，应立刻停水断电，进入塔内对配水系统进行检查。

d. 在塔顶风筒旁观察飘水情况，观察是否有明显多的水滴从风筒中溢出散落在塔顶平台上，如有以上情况，应立刻停水断电，进入塔内对收水器和配水系统进行检查。

e. 观察塔壁有无渗漏现象。

f. 记录冷却塔上塔水温（在循环水池东侧，回水上水管上温度计读数）、出塔水温（在循环水池西侧，出水管上温度计读数），循环水泵电机电流、风机电机电流，是否符合要求，如不符合，查明原因后再开机。

（2）开机步骤：

①开启冷却塔风机，确认风机正常无噪声。

②打开循环水池回水阀，并检查装置上各用水设备进水阀、回水阀是否全部打开。

③确认循环水池内水质正常，水位在最低限（泵汲水口）以上。

④开启循环水泵进口阀门，确认水已注满机头。

⑤确认循环水泵水位正常，出口阀门处于关闭状态后，开启循环水泵。

⑥缓慢调节循环水泵出口阀门，使管道内压力逐渐上升，当有回水从塔顶淋下时，开大出口阀，使循环水泵出口管道压力保持在 0.4 MPa，装置顶层供水管道压力大于 0.1 MPa。

⑦保证循环水泵管路沿线没有问题、循环水泵电流在额定范围内后，系统进入正常生产状态。

（3）停机步骤：

①缓慢关闭循环水泵的出口阀门，逐渐降低出口管道的压力。

②当出口管道压力减到“0”后，关闭循环水泵，关闭循环水泵进水阀，关闭循环水池回水阀，关闭循环水池风机。

（4）运行事项：

①定时检查风扇是否运转正常，有无噪声，电机电流是否在额定范围内。

②定时检查循环水泵是否运转正常，出口压力是否在正常范围内，运行是否有杂音，电机电流是否在额定范围内。

③定时记录回水、供水水温，要求供水温度小于30℃。

④根据当天气象预报，气温低于10℃时，即使压缩机不工作，循环水系统也不能停止水循环。

⑤定时测定循环水水质，要求循环水为清澈淡蓝色，pH在7.0～9.2。

⑥严禁在没有关闭循环水出口阀门的情况下突然对泵停电、停机。

（5）日常检查：

①检查冷却塔运行情况，查阅历史维修记录。

②检查机组外部、水质和固定情况。

③检查布水器和填料情况。

a. 检查冷却塔布水器出水情况。

b. 检查填料结垢、老化情况。

c. 检查冷却塔水盘结垢情况。

④检查校准机械运转情况。

a. 检查并润滑冷却塔风机轴承。

b. 检查和更换减速箱润滑油，并做机械调整。

c. 检查和调整皮带轮，更换破损皮带。

⑤检测电机绝缘电阻值及运行电流值。

a. 检测风机电机绝缘。

b. 运行后检查压缩机运行电压、三相运行电流值。

c. 为防止冬季积雪损坏风叶，保养完成后应将风叶转为垂直。

⑥清洗冷却塔：

a. 拆卸和清洗布水器。

b. 更换老化填料。

c. 清洗冷却塔接水盘水垢。

⑦检查电气线路情况。

5. CNG 常规加气站加气工艺及操作规程

1）CNG 常规加气站加气工艺（图 3-16）

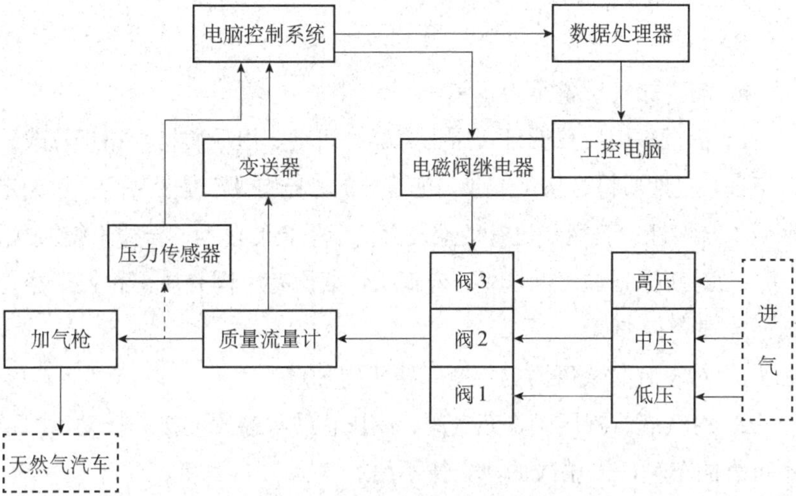

图 3-16　CNG 常规加气站加气工艺

2）CNG 常规加气站加气操作规程

（1）作业关键控制点。

接车、加气前安检和气路检漏；立安全警示牌、塞三角垫木；连接加气枪（自带静电接地线）；启动售气机加气；放散、拆卸加气枪；拆除加气安全装置；送车。

（2）工具材料准备及安全防护设施配置。

检漏仪 1 个、检漏喷壶 1 个、三角垫木 2 块/辆、防静电工作服 2 套、防护安全帽 2 顶、便携式可燃气体报警器 1 个。

（3）主要的人员、物料消耗定额。

①持证加气操作人员 2 名。

②耗天然气 0.1 m^3/辆。

（4）作业气候、环境要求。

在雷雨天气、气体泄漏、附近有明火、售气机故障、汽车超过检验期、气管漏气、气瓶损伤或加工焊接、发动机未熄火、未关闭车上的电器、车上有人等状况下不得进行加气操作。

（5）作业流程。

①检查。

a. 检查加气设备是否正常。

b. 检查车用装置四证（压力容器许可证、出厂质检合格证、改装合格证、定期质检合格证）或多证合一的“充装证”是否齐全。对无定期质检合格证，气瓶超过有效期及合格证不全的车辆，一律不得加气。

c. 对新到站加气的车辆，未查明气瓶原有不同介质已替换干净之前，一律不得加气。

d. 对没有剩余压力的气瓶一律不得加气。

e. 对气瓶、减压阀、充气阀、高压管线等装置连接有松动、固定不可靠的车辆，未整改的，一律不得加气。

f. 对有结露等泄漏现象的车辆应立即停止加气。

g. 检查待充气车辆乘客是否已全部下车，发动机是否熄火。对乘客未下车，发动机未熄火的车辆一律不得加气。

h. 用未佩戴手套的手指触摸一下汽车，放掉身上的静电，方可开始加气。

②加气操作。

a. 启动加气机（或计量装置），观察加气机（或计量装置）是否处于正常状态，显示屏上显示加气量为“0”时，旋开加气机（或计量装置）上的应急球阀。

b. 左手虎口抓住充气枪手柄，协同其余手指扶住加气车充气阀。右手拔出充气阀防尘塞，插入充气枪嘴。有失重的感觉，确认充气枪嘴插入到位后，一只手握住加气枪后面的软管，另一只手旋开充气枪旋钮开关，开始加气。

c. 当拔出防尘塞，产生较响亮的“砰”的响声时，说明有两种可能：一是该车的充气阀没有关严；二是充气阀已发生故障。判断为第一种情况时，应告诫驾驶员，注意关严充气阀；判断为第二种情况时，应建议驾驶员将车送修理厂修理后再来加气。

d. 充气嘴橡胶密封圈由于反复使用，容易磨损变形，应适时更换。如果将充气嘴插入充气阀充气产生啸叫声，说明充气嘴橡胶密封圈已经损坏，应握紧软管，立即关闭充气阀旋钮开关，关闭充气车充气阀开关。拔出充气嘴更换充气嘴橡胶密封圈后重新加气。

e. 充气时能听到天然气流动的声音，说明充气正常。

f. 充气过程中，应注意观察加气机（或计量装置）、充气阀和加气车充气阀是否有结露、异常响声、异常的硫化氢味道等现象。发生异常现象，应立即中止加气，待查明原因，排除故障后方可恢复加气。

g. 充气过程中，当听到气瓶有异常响声时，应立即停止加气，发出警报，启动应急预案，打开加气车充气阀放空，关闭充气阀，关闭加气机进气阀，将人员疏散到安全地带观察（这种情况一般不会发生）。

h. 加气枪排空时，排气孔不要正对着人。充气过程中，加气工一定要坚持手握加气软管头，防止充气嘴冲出，软管飞舞发生事故。

i. 当加气机工作状态灯指示加气完毕时，关闭充气阀旋钮，关闭加气车充气阀，打开排空阀排空后，拔出充气嘴，插好防尘塞后，方可示意加气车启动离开。

j. 加气工应随时注意在加气枪未拔出充气嘴之前，禁止驾驶员启动汽车。

k. 当拔出充气嘴困难时，适当用力旋转并向上即可拔出，切忌向水平方向用力。

（6）安全注意事项和应急措施。

①加气作业时，操作人员必须穿防静电工作服，不得带入通信设备及火种，禁止穿钉鞋进入生产区。

②设备维修、检测时，必须使用防爆工具。

③加气气压不能超过 20 MPa。

④遇雷雨天气，停止连接、卸气和拆卸作业。

⑤遇气体泄漏、附近有明火、压力异常等情况时应立即停止作业。

（7）作业记录、总结：

CNG 加气车辆作业流程见表 3-3。

表 3-3　CNG 加气车辆作业流程

项目	作业流程
泊车	①加气员指挥引导加气车进入加气区； ②加气车辆的入场车速不得大于 5 km/h，并按指定位置停好、熄火、拉起手刹； ③加气员快速在车前立安全警示牌，单侧车轮前后分别放置三角垫木； ④现场设立“正在加气，请勿靠近”警示牌
接车检查	①加气员检查加气车辆； ②打开加气车的后备厢； ③检查加气车起始压力（要保持一定的余压）； ④检查加气车有无漏气； ⑤确认 CNG 气瓶、阀门和气管接头及加气车的车况无异常； ⑥督促加气车驾驶员关闭电源，取下钥匙，车内所有人下车
加气前准备	①加气前观察加气车天然气压力，做好记录； ②（首次加气时）检查加气车的加装气瓶、设备、阀门和证件； ③检查加气车的加气口，确认完好无损； ④检查、确认加气软管、枪头无异常
加气连接	①插入加气枪； ②打开加气枪两位三通阀； ③连好静电接地线； ④启动加气机，进行加气作业
加气作业	①打开后备厢，取出防尘塞； ②连接接地线； ③用检漏仪进行检漏； ④插入加气枪，打开两位三通阀； ⑤启动加气机，进行加气作业；

续表

项目	作业流程
加气作业	⑥观察、监视气瓶、阀门和气路； ⑦加气停止时，打开两位三通阀进行放散卸压； ⑧取出加气枪，塞上防尘塞，把加气枪放到枪套里； ⑨取出防静电接地，放到固定位置； ⑩撕下加气机打印的小票，交由司机去收银室付费； ⑪拆除三角垫木，移开警示牌； ⑫记录相关加气参数； ⑬签单并填写加气台账
送车	①办完相关手续； ②加气人员指挥加气车出站

第二节　CNG 加气母站装车工艺及操作规程

CNG 加气母站建设在临近天然气主干管线的地方，从天然气主干管线直接取气，经过调压计量、脱硫（根据气质选用）、脱水等工艺进入压缩机机组，压缩后的高压气体分为两路：一路通过顺序控制盘进入储气井，再通过加气机给 CNG 燃料汽车充装 CNG；另一路进入加气柱给 CNG 槽车（管束车）充装 CNG。CNG 母站进气压力相对较高，建站适宜规模不小于 40 000 Nm^3/d。

CNG 加气母站与 CNG 常规加气站的基本工艺大致相同，区别主要在规模和是否能够给 CNG 槽车（管束车）进行充装，本节只介绍 CNG 加气母站装车工艺（图 3-17）。

1. CNG 槽车（管束车）充装前的检查

CNG 槽车（管束车）到达气源地后，站内充装操作人员首先进行槽车证件检查，由押运员负责对 CNG 槽车（管束车）箱体瓶组及安全附件进行检查（包括充装对接时对各部件的检查）并填写相应表格，检查结果经站内充装操作人员和押运员签字确认。

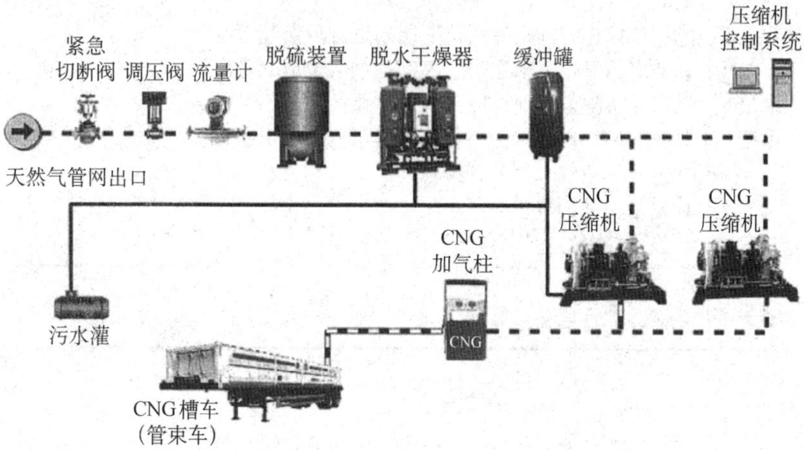

图 3-17　CNG 加气母站装车工艺

CNG 槽车（管束车）箱体瓶组及安全附件的检查项目和要求：

（1）箱体（框架）无损伤，焊缝无裂纹，无明显变形。

（2）瓶体外壁无机械刮伤或碰伤，表面涂漆完好，标志清晰，紧固件无松动；瓶阀及其连接面无泄漏，与瓶阀相焊的焊接接头无泄漏。

（3）管路上各焊点无泄漏，管路与球阀连接点无泄漏；与钢瓶相连的连接管无泄漏。

（4）装卸装置，各球阀转动灵活，无泄漏；快装接头密封可靠，开闭良好。

（5）安全阀，铅封完好，阀体及连接法兰无损伤和泄漏；开启、关闭正常。

（6）压力表、温度计，连接部位无泄漏；表体完好，无破裂或损坏。

（7）导电铜片和接地带完好，无破裂。

（8）各瓶组配备干粉灭火器，且处于有效期内。

2. CNG 槽车（管束车）的充装

（1）CNG 槽车（管束车）各部分检查无故障后，开始充装。

（2）新车（或检修后的车）在充装前必须对钢瓶内的空气进行置换，严禁直接灌装，可采用抽真空或氮气置换的方法，置换后瓶内气体含氧量不大于 3%。

（3）充装作业现场严禁烟火，不得使用易产生火花的工具和用品，照明时必须使用有橡胶防爆外壳的照明用具。

（4）槽车进入充装区，接地带必须提起。

（5）必须按气源站的指定位置停车（但应以避免 CNG 充装软管过度弯曲为宜），关闭汽车发动机，打开挂车部分储气筒上的放气阀，对挂车实施刹车制动。

（6）充装作业前必须用导线将操作箱内的导电铜片与充装站上的地线连接。

（7）充装过程中严密注意瓶组压力表及温度计刻度的变化，不同温度应对应不同的充装压力。

（8）在充装过程中应时刻注意温度计刻度的变化，温度必须在 −20～60℃，如果温度超出此范围，应降低充装速度。

（9）充装完毕后，收起接地线，确认各阀门无泄漏，关好后备厢。

（10）充装时必须有流量计等计量装置，不得超过允许的最大充装量。

（11）充装后必须复查流量计和压力表，严禁超装，如发现超装，严禁驶离充装现场。

（12）充装作业时，气源站操作人员、押运人员均不得离开现场，在充装作业未彻底完成和未彻底卸下充气软管之前，严禁启动车辆。

（13）充装后应认真填写充装记录，内容包括车型、车号、充装量、充装人、充装日期及司机姓名等，并经运气人签字确认。

（14）关闭 CNG 槽车（管束车）出气筒上的放气阀，启动汽车发动机，解除挂车上的刹车制动，放下接地带。

CNG 槽车（管束车）充装流程见表 3-4。

表 3-4　CNG 槽车（管束车）充装流程

项目	充装流程
接车检查	①充装人员检查、确认 CNG 槽车（管束车）排气管，安装灭火器； ②检查气瓶压力及温度是否正常； ③检查槽车有无漏气； ④确认 CNG 气瓶、阀门及 CNG 槽车（管束车）车况无异常； ⑤核实 CNG 槽车（管束车）货运单无误后做好记录； ⑥督促 CNG 槽车（管束车）驾驶员、押运员留下手机及其他火种
泊车	①充装人员在 CNG 槽车（管束车）首尾各一人指挥引导槽车进入充装区； ②车速不得大于 5 km/h，并按指定位置停好、熄火、拉起手刹； ③押运员安装好固定车墩，两侧车轮前后分别放置三角垫木； ④现场设立“正在加气，请勿靠近”警示牌
充装前准备	①充装前观察 CNG 槽车（管束车）天然气压力、温度，做好记录； ②（首次充装时）检查撬装设备各阀门，使其全部处于关闭状态； ③检查确认撬装站、CNG 槽车（管束车）的压力表、安全阀处于开启状态； ④检查充装接头，确认完好； ⑤确认热水系统使水温处于 50℃左右； ⑥连好接地线； ⑦检查、确认高压软管无异常
充装作业	①引导 CNG 槽车（管束车）停到固定车位上； ②打开槽车后备厢，拉下气刹； ③进行安全检查； ④连接加气软管和静电接地线； ⑤打开管束拖车的各瓶组阀和进气总阀； ⑥安装好充装软管安全固定装置； ⑦观察无异常，打开加气柱上的主阀； ⑧检查、启动压缩机进行充气； ⑨充气时，必须有一人在现场监护； ⑩当 CNG 槽车（管束车）充满，要先停止压缩机； ⑪关闭加气柱上的总阀门，关闭槽车的进气总阀和各瓶组阀门； ⑫开启加气柱上放散阀门，将高压软管内的天然气放空；

续表

项目	充装流程
充装作业	⑬拆除安全固定装置，卸下高压软管、接地线，锁好车厢门； ⑭签单并填写充装台账
送车	①收回固定车墩，拆除三角垫木； ②充装人员指挥 CNG 槽车（管束车）出站

3. 充装注意事项

（1）充装作业时，操作人员必须穿防静电工作服，不得带入通信设备及火种，禁止穿钉鞋进入生产区域。

（2）设备维修、检测时，必须使用防爆工具，非防爆工具须涂抹黄油。

（3）一切充装任务由操作工负责完成，司机不得随意靠近高压设备。

（4）在操作加气柱和槽车主阀门过程中，应侧向操作，严禁正面对向阀门。

（5）充装过程中发现气瓶出现冰堵现象时，应停止充气，待冰融化后再进行充装。

（6）遇雷雨、大风等不利于生产的天气和可燃气体泄漏、附近有明火、压力异常等情况时应立即停止作业。

（7）充装作业发生在交班时，交班人员必须到作业现场将本班设备运行情况及记录告知接班人员，如接班人员没有了解清楚，交班人员不得下班。

第三节　CNG 加气子站卸车工艺及操作规程

CNG 加气子站建在无法从天然气管线取气的地方，通过 CNG 槽车（管束车）从 CNG 加气母站将气转存到 CNG 加气子站内，CNG 槽车（管束车）内的压缩天然气先经过卸气柱卸气，再经过压缩机增压，进入储气系统并通过加气机给加气车加气。为提高 CNG 槽车（管束车）的取气率，CNG 加气子站不设低压储气瓶组，将 CNG 槽车（管束车）作为低压储气瓶组，与加气机低压进气管线相接，子站的建站适宜规模为 5 000～20 000 Nm^3/d（图 3-18）。

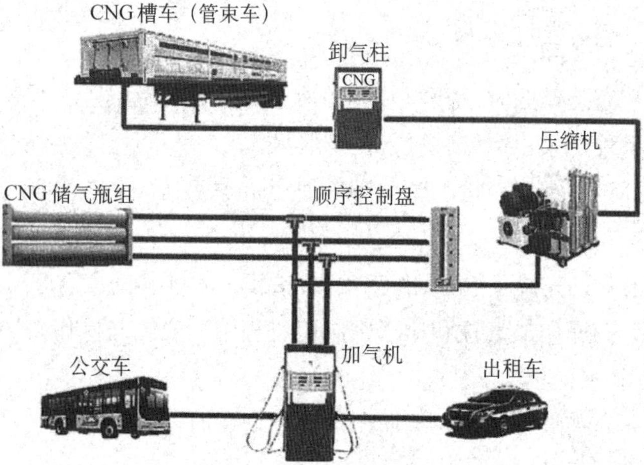

图 3-18　CNG 加气子站卸车工艺

CNG 加气子站不能从附近燃气管线自行取气压缩储存，且不能进行 CNG 槽车（管束车）充装，只能依靠 CNG 槽车（管束车）给 CNG 加气车加气，功能较单一。

根据卸车工艺，CNG 加气子站可以分为压缩子站和液压子站两种，本节将分别对两种子站的卸车工艺进行讲解。

1. 压缩子站卸车工艺及操作规程

CNG 槽车（管束车）到达 CNG 加气子站后，通过卸气高压软管与卸气柱相连。启动卸气压缩机，CNG 经卸气压缩机加压后，通过顺序控制盘进入高压、中压、低压储气瓶组，储气瓶组里的 CNG 可以通过 CNG 加气机给车辆加气，如图 3-19 所示。CNG 槽车（管束车）

作为气源（低压储气瓶）与中压、高压储气瓶共同构成压缩子站的储气系统。控制系统按照CNG槽车（管束车）来气压力的不同，自动控制完成相应的流程后，通过CNG加气机给车辆进行加气。

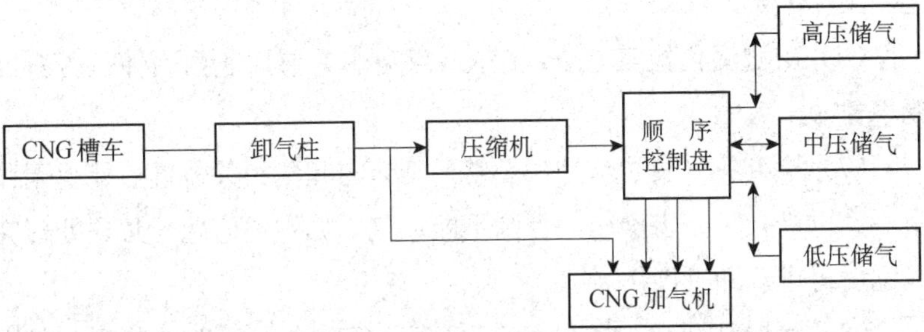

图3-19　压缩子站卸车工艺

1）直充流程

当CNG槽车（管束车）装载的天然气压力超过20 MPa时，气体经卸气柱进入卸气总管，经总进气阀及直充阀进入CNG加气机的低压进气管路、中压储气井，直接给车辆充气。

2）压缩流程

随着系统中压缩气体的排出，系统的压力会逐渐降低，当系统压力达到压缩机设定的启动压力时（高压井压力小于20 MPa）压缩机启动，将气体压缩至23～25 MPa，充入中压、高压储气瓶组，通过管路进入CNG加气机，对车辆进行连续加气。

3）卸车操作

（1）将CNG槽车（管束车）停放在指定的安全作业区，熄灭牵引车发动机。

（2）用楔块双向固定好CNG槽车（管束车），打开槽车后舱门，并将舱门固定在槽车两侧。

（3）将卸气点的静电接地线与CNG槽车（管束车）后舱的导静电片连接。

（4）按下CNG槽车（管束车）自动刹车装置，放置CNG槽车（管束车）的支撑底座，摇下CNG槽车（管束车）支腿，让牵引车离开。

（5）CNG槽车（管束车）进入卸气区后，检查并确认作业区内有无非工作人员。

（6）用测漏仪检查CNG槽车（管束车）前后舱内附件是否有泄漏现象。

（7）检查各仪表显示是否正常，确认与卸气相关装置的外观无异常后，再进行下一步操作，否则不能加气。如发现问题，必须处理完问题后再进行卸气操作。

（8）缓慢打开卸气柱和CNG槽车（管束车）后舱放散阀，确定管路内不含压力后，将卸气柱软管与CNG槽车（管束车）主阀保持水平位置对接，当听到“咔嗒”声后，确认连接完好，关闭放散阀。

（9）依次缓慢打开后舱8个瓶阀。

（10）缓慢开启主阀，可以听到卸气声，同时观察卸气柱上压力表与CNG槽车（管束车）上的压力表是否一致。

（11）缓慢打开卸气柱手动进气球阀，系统进入卸气过程。

（12）先关闭CNG槽车（管束车）上的加气主阀，再分别关闭8个瓶阀，随后关闭卸气柱的进气阀，再打开主阀上的放散阀或卸气柱上的放散阀，将卸气软管卸压，此时方可卸下卸气柱软管。

（13）收起辅助支腿，插好销轴及保险销，检查牵引车与CNG槽车（管束车）的连接情况，移走支撑底座及车轮楔块。

（14）拆下导静电带，松开CNG槽车（管束车）安全闸，关闭舱门，移走CNG槽车（管束车）。

2. 液压子站卸车工艺及操作规程

CNG槽车（管束车）到达CNG加气子站后，通过快装接头将高压进液软管、高压回液软管、控制气管束、CNG高压出气软管与液压子站撬体连接。系统连接完毕后启动液压子站撬体或在 PLC 自动控制系统监测到液压系统压力低时，高压液压泵开始工作，PLC 自动控制系统会打开一个钢瓶的进液阀门和出气阀门，将高压液体介质注入钢瓶，保证 CNG 槽车（管束车）钢瓶内气体压力在 20～22 MPa，CNG 通过钢瓶出气口经 CNG 高压出气软管进入液压子站撬体缓冲罐后，经高压管输送至 CNG 加气机给车辆加气。

1）作业关键控制点

接车、卸车前安检，连接卸车高压气管，连接卸车高压进油管，连接卸车高压回油管，连接卸车顶升进油管和回油管，安装卸车安全装置、静电接地，开启液压撬装系统卸车，放散、拆卸卸车高压气管，拆卸卸车高压进油管，拆卸卸车高压回油管，拆卸卸车顶升进油管和回油管，拆除卸车安全装置，送车。

2）工具材料准备及安全防护设施配置

防爆活扳手 1 套、卸车安全固定装置 1 套、卸车接地线 4 条、三角垫木 4 块、防静电工作服 2 套、防护安全帽 2 顶、便携式可燃气体报警器 3 个、对讲机 3 台、测漏瓶 2 个、手套 3 双、正压式空气呼吸器 1 台。

3）作业气候、环境要求

在雷雨天气、气体泄漏、附近有明火、槽车压力异常、液压撬装系统设备故障等状况下不得进行作业。

4）作业流程

（1）CNG 槽车（管束车）到站接车。

①CNG 槽车（管束车）进入卸气区，设置隔离桩，禁止无关人员进入，避免造成伤害事故。

②将 CNG 槽车（管束车）停放在卸气区指定的安全作业点，熄灭牵引车发动机。

③CNG 槽车（管束车）停到指定位置，确认制动有效后，用三角

垫木双向固定好槽车，并启动CNG槽车（管束车）连锁刹车装置，放置CNG槽车（管束车）的支撑底座，摇下CNG槽车（管束车）辅助支撑腿，让牵引车离开，如图3-20所示。

图3-20 CNG槽车（管束车）

④垫好木板，拔出辅助支撑腿固定销，用短摇把摇下辅助支撑腿，插入固定销，用同样的方法放下另一支腿并固定好。

⑤将卸气点的静电接地线与槽车操作仓内的导静电片连接。

⑥检查车底顶升油路放散阀是否关闭，打开注油阀防止油箱被高压油冲破。

⑦打开CNG槽车（管束车）后仓门，并将仓门固定在槽车两侧。

（2）卸气前检查。

①检查CNG槽车（管束车）上各高压管件、阀门有无异常，用仪器检查有无泄漏，如发现问题，必须在处理好问题后再进行下一步操作。

②检查液体连接块放散阀（图3-21中的3、14）、气管放散阀（图3-21中的8）有无结霜，确保其密封性。

③在CNG槽车（管束车）与节能液压式CNG汽车加气子站撬体连接前，打开槽车上各块体处的放散阀（图3-21中的3、8、14），将该部分卸压，以便连接高压软管，确认连接部分在无压状态，然后关闭放散阀。

④对应软管连接好后，检查并关闭所有放散阀（图 3-21 中的 3、8、14）。

1—前仓（CNG）气动控制气快装接头；2—单注（回）油气动阀；3—单号油路放散阀；4—单注（回）油路快装接头；5—单注（回）油路气管；6—单双号注回油放散阀；7—顶升快装接头；8—CNG 气管放散阀；9—CNG 总气管；10—CNG 母站加气快装接头；11—双注（回）油路气动阀；12—双注（回）油路快装接头；13—双注（回）油气管；14—双注（回）油放散阀；15—后仓（CNG）气动控制气快装接头。

图 3-21 CNG 槽车（管束车）后仓主要部件

（3）卸气前管路连接操作。

①液压油管路连接。

确认单注、双注油路接头，单注（回）油路快装接头与撬体连接管路上是公接头，与其对应的 CNG 槽车（管束车）上安装母接头；双注（回）油路快装接头与撬体连接管路上是母接头，与其对应的 CNG 槽车（管束车）上安装公接头。

连接单注（回）油路时，关闭单注（回）油路撬体上的注（回）油阀，打开单注（回）油路撬体上的放散阀，待单注（回）油路卸压完毕后关闭放散阀，打开槽车上母接头油路的放散阀，卸压后关闭放散阀，将撬体上的注液高压软管公接头对准专用半挂车上的母接头，逐渐用力向前推，听到“咔嗒”声，高压软管公、母接头即锁住，连接成功（用力向后拖拉接头，确认是否接牢）。

连接双注（回）油路时，操作同单注（回）油路。

单注（回）油路脱开时，将槽车油路快装母接头的活动锁套向前推开到要求的位置后，注液高压软管公、母接头即脱开；双注（回）油路脱开时，将高压油路软管快装母接头的活动锁套向后拉开到要求的位置后，注液高压软管公、母接头即脱开，如图 3-22 所示。

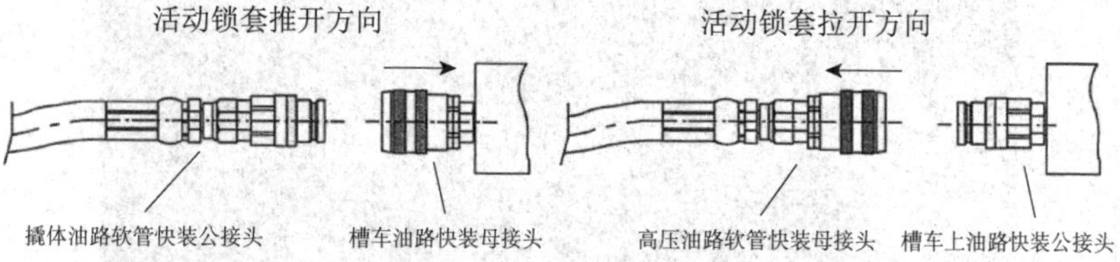

（a）单注（回）油路脱开示意　（b）双注（回）油路脱开示意

图 3-22　液压油管路接头

②高压天然气管路连接。

关闭撬体上 CNG 总阀门，打开撬体高压天然气管路放散阀，待高压天然气管路卸压完毕后，关闭撬体高压天然气管路放散阀。

打开槽车上 CNG 气管放散阀（图 3-21 中的 8），待卸压完毕后，关闭放散阀，将天然气软管母接头上的活动锁套向后拉开，对准公接头插到要求的位置后把活动锁套松开并复位，即可将公、母接头锁住。

③气动控制系统管路连接。

确认前仓（CNG）气动控制气快装接头（图 3-21 中的 1）、后仓（CNG）气动控制气快装接头（图 3-21 中的 15）和钢瓶回油控制气接头。

将快装母接头内靠近边缘的定位插脚对准快装公接头有缺口的部位，使插头和插座同轴，轻轻插入后拧紧锁母即为可靠连接，切忌暴力操作，如图 3-23 所示。

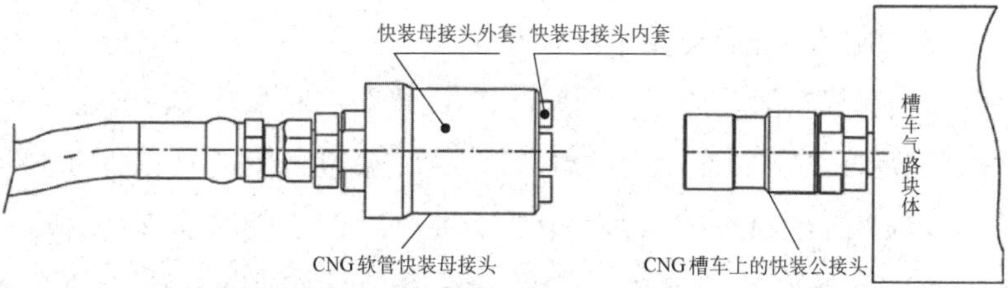

图 3-23　高压气体管路接头

脱开时，先将锁母拧开，再拔下插头即可。

连接好钢瓶的气动接头。

④CNG 槽车（管束车）顶升装置液压管线连接。

将撬体上蓝色的胶管与槽车底盘上的顶升快装接头接牢（图 3-21 中的 7）。

（4）CNG 槽车（管束车）框架顶升操作。

①关闭 CNG 槽车（管束车）及子站系统中的放散阀。

②对正支好垫板，摇下辅助支腿，销轴插入到位。

③调整支腿使辅助支腿接触对应垫板，确认各支腿稳定对称受力均匀后，启动液压系统，打开顶升操作装置下部的注油阀、关闭回油阀，将顶升操作装置上部黑色扳手扳至升车状态，观察压力表的压力，当压力达到 16 MPa 时扳动换向阀手柄将钢瓶框架顶起（仰角为 10°），然后关闭顶升操作装置下部的注油阀（图 3-24）。

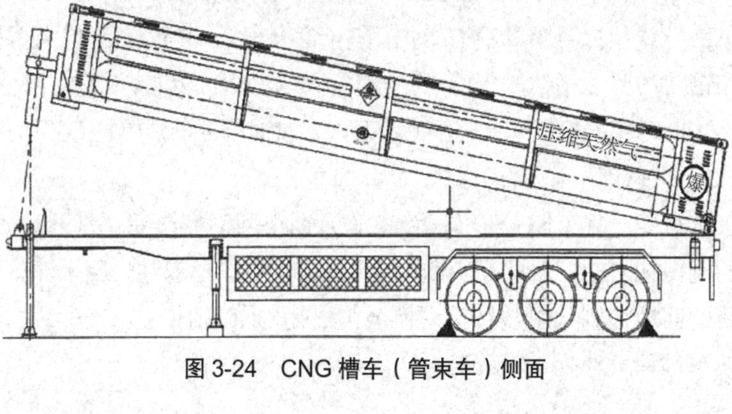

图 3-24　CNG 槽车（管束车）侧面

（5）液压系统启动操作。

①关闭槽车后仓的气动球阀、CNG管路放散阀及单、双注（回）油路放散阀，打开槽车上的卸气总阀及前、后仓各钢瓶口的手动球阀。

②关闭撬体上的单、双注（回）油路上的手动回油阀、CNG管路上的放散阀，打开撬体上的单、双注（回）油路总阀、CNG管路总阀。

③系统送电，软启动器（见控制柜操作系统）控制面板显示当前工作状态、参数等信息。

④打开空气压缩机气泵和脱水装置，开启压缩气源设备，使气体储罐压力达到设定值（0.4～0.7 MPa）。

⑤启动液压系统，系统开始升压到合格后，开始给加气车加气。

（6）更换槽车操作。

①当前一辆CNG槽车（管束车）的天然气卸完气后，PLC自动控制系统自动提示换车，将CNG槽车（管束车）顶升系统（图3-25）的液压油管快装接头与第二辆槽车接好（此时停止加气）。

②关闭撬体和CNG槽车（管束车）上的卸气手动阀，打开槽车上单注（回）油放散阀和天然气放散阀，使软管内无压力，再关闭2个放散阀。

③依次将单注（回）油软管、高压气管、前后仓控制气快装接头、槽车信号线调换至第二辆CNG槽车（管束车），留下双注（回）油软管和钢瓶的回油阀控制气管、槽车顶升装置液压管线。

④此时第二辆CNG槽车（管束车）的钢瓶可以开始加气，以保证加气持续进行。

⑤待第一辆CNG槽车（管束车）钢瓶回油完毕后，打开顶升装置的阀门把CNG槽车（管束车）降下来，立即把双注（回）油软管、钢瓶的回油控制气快装接头调换至第二辆CNG槽车（管束车）上（整个换车过程大约为15 min）。

1—顶升压力表；2—顶升系统阀块；3—顶升注油回油操作手柄；4—顶升油管；5—油管气管余液回流管；6—油管气管余液回流阀；7—顶升注油回油阀；8—卸气手动阀。

图 3-25　CNG 槽车（管束车）顶升系统

（7）卸气后槽车移走操作。

①一辆 CNG 槽车（管束车）加气结束后，当钢瓶内的液压油全部返回储罐时，将钢瓶气动控制快装接头转接至下一辆 CNG 槽车（管束车）。

②关闭 CNG 槽车（管束车）的卸气阀门，关闭 CNG 槽车（管束车）加气总阀门，打开 CNG 槽车（管束车）卸气管路放散阀，排出气压块的压力，关闭放散阀，断开 CNG 供气管（如果换车过程已完成此操作，这里可省去）。

③打开 CNG 槽车（管束车）上的双注（回）油软管的放散阀，排出油压块的压力，关闭放散阀，断开双注（回）油软管并转接至下一辆 CNG 槽车（管束车）。

④ CNG 槽车（管束车）仰角降下来后，确认到位，收起辅助支腿，插好销轴及保险销，连接车头移走 CNG 槽车（管束车）的支撑底座，移走 CNG 槽车（管束车）车轮垫块。

⑤收起静电接地线，关好 CNG 槽车（管束车）操作仓门。

⑥用摇把将两面支撑腿摇起，插好销轴及保险销，检查 CNG 槽车（管束车）连接情况，收起垫车木块，松开 CNG 槽车（管束车）安全闸，移走 CNG 槽车（管束车）。

5）作业记录、总结

正常卸气期间应每 30 min 对设备运行状况和工艺指标进行巡视、检查一次，1 h 记录一次，CNG 槽车（管束车）卸车作业流程见表 3-5。

表 3-5　CNG 槽车（管束车）卸车作业流程

项目	作业流程
接车检查	①卸车人员检查、确认 CNG 槽车（管束车）排气管是否安装灭火器； ②检查气瓶压力及温度是否正常； ③检查 CNG 槽车（管束车）有无漏气； ④确认 CNG 气瓶、阀门及 CNG 槽车（管束车）车况无异常； ⑤核实 CNG 槽车（管束车）货运单无误后做好记录； ⑥督促 CNG 槽车（管束车）驾驶员、押运员留下手机、火种
泊车	①卸车人员在 CNG 槽车（管束车）首尾各站一人指引 CNG 槽车（管束车）进入卸车区； ②CNG 槽车（管束车）车速不得大于 5 km/h，并按指定位置停好、熄火、拉起手刹； ③押运员安装好固定车墩，两侧车轮前后分别放置三角垫木； ④现场设立“正在卸车，请勿靠近”警示牌
卸车前准备	①卸车前观察 CNG 槽车（管束车）天然气压力、温度，做好记录； ②（首次卸车时）检查撬装设备各阀门，使其全部处于关闭状态； ③检查、确认液压撬、CNG 管束的压力表、安全阀处于开启状态； ④检查卸车接头，确认完好； ⑤确认高压液压油、顶升液压油油质和油位正常； ⑥连好接地线； ⑦检查、确认高压软管无异常

续表

项目	作业流程
卸车连接	①连接卸车高压气管； ②连接卸车高压注（回）油软管； ③连接卸车顶升注（回）油软管； ④安装卸车安全装置、静电接地； ⑤打开有气路的手动阀； ⑥开启液压撬系统，进行卸车作业
卸车作业	①打开液压撬上的放散阀； ②打开 CNG 槽车（管束车）厢门，将高压软管接头与 CNG 槽车（管束车）主阀相接； ③安装卸车软管安全固定装置，连接卸车高压注（回）油软管，连接卸车顶升注（回）油软管； ④检查、打开 CNG 槽车（管束车）各气瓶的前阀门，使各气瓶压力相互平衡； ⑤微开 CNG 槽车（管束车）卸车主控阀，对高压软管进行置换； ⑥关闭卸车柱上的放散阀； ⑦缓慢打开 CNG 槽车（管束车）卸车主控阀，确认无气流声后将主控阀全开； ⑧打开有气路的手动阀； ⑨开启液压撬系统，进行卸车作业； ⑩观察压力表和 PLC 自动控制系统的压力； ⑪观察 PLC 自动控制系统的其他参数； ⑫当所有钢瓶回完液时，关闭手动阀，打开放散阀，将高压软管内的天然气放完； ⑬拆卸安全固定装置，卸下高压软管、高低压油管和接地线，锁好车厢门； ⑭签单并填写卸车台账
送车	①收回固定车墩，拆除三角垫木； ②卸车人员指挥 CNG 槽车（管束车）出站

要求交接班人员进行现场交接，核对无误后方可交接班。

第四节　CNG 加气站主要设备的操作及管理维护

1. CNG 储气瓶组

1）CNG 储气瓶组介绍

从压缩系统排出的压缩天然气经过进一步净化和干燥处理后，就可以直接供给天然气汽车使用。但是，如果采用直接方式售气，必将导致压缩机的频繁启动和停机，会严重影响机组的使用寿命；同时，可能使得充气时间过长，效率不高。因此，在加气站中应配置储气瓶组。压缩机工作时，首先向储气瓶组充气，当储气瓶组中的压力达到设定的最高压力时，压缩机自动停机；此时，若有加气车充气，则按顺序充气程序，首先使用的是储气瓶组中的 CNG，当储气瓶组中的 CNG 压力降到设定的最低压力时，压缩机会自动开机，向储气瓶组再次充气。CNG 储存的方式有储气瓶、储气罐和储气井，见表 3-6。

表 3-6　CNG 储存方式对比

序号	项目	储气瓶	储气罐	储气井
1	单个容量规格	50 L/瓶或 80 L/瓶	2～6 m^3	2～3 m^3
2	单组布置数量	80～230 瓶	3～6 罐	3～8 井
3	储气系统的总水容积/m^3	6～12	6～12	6～12
4	标准储气量/Nm^3	1 500～3 000	1 500～3 000	1 500～3 000
5	占地面积/m^2	30	60	10

续表

序号	项目	储气瓶	储气罐	储气井
6	建设投资概算/万元	66.0	94.0	96.5
7	检验维护费用/（万元/a）	1.25	0.75	—
8	使用时期	20 世纪 80—90 年代中期	20 世纪 90 年代后期	目前广泛使用
9	优点	经济、灵活、建设成本低	管阀连接点少，泄漏因素少，具有较好的安全性	安全牢固、减少占地面积、爆炸事故发生时减少地面冲击波的辐射范围和强度
10	缺点	供气阻力大、管阀漏点多，增加了不安全因素；每年支付的维护费用多，增加了后期的工期成本	爆炸事故发生时地面冲击波的辐射范围大、强度大	耐压试验无法检验强度和密封性、制造缺陷不能及时发现、排污不彻底容易对套管造成应力腐蚀

加气站储气系统可分为大批储存和分级储存两类，如图 3-26 所示。两种储存方式之间的差异表现为向车辆充装 CNG 的方式不同。

（a）大批储存　　　　（b）分级储存

图 3-26　CNG 储气瓶组

大批储存可采用一个大型储气罐或一些较小的储气瓶（用管道连接）。加气时，所有气瓶中的压力下降速度相同。在这种储气方式下气罐的高压气体利用率为 20%，这会导致加气时间逐渐延长。

分级储存是为了提高气体利用率设计的，采用高压、中压、低压三组储气瓶组，由顺序控制盘进行充气和售气的自动控制，储存气体的利用率提高 30%以上，有的达到 58%。

加气站储气瓶组的设计储存压力表和压缩机排气压力表相同，均为 25 MPa，总的储气容积依加气站的规模和标准而定，各个加气站设计容积也有差别，但其原则是保证加气站的高效和建站的经济性。

储气瓶组分为立放式和卧放式两种，是为 CNG 加气站专门设计的。作为 CNG 储存系统，储气瓶组有单组式和多组式之分，如图 3-27 所示。单组式储气瓶组为容积较大的气瓶，如 500 L、1 000 L、1 750 L 的大型压力容器，钢瓶数量有三罐、六罐、九罐组合。多组式气瓶组为容积较小的气瓶，如 45 L、50 L、80 L（水容积）等，气瓶数量为 80～200 只。

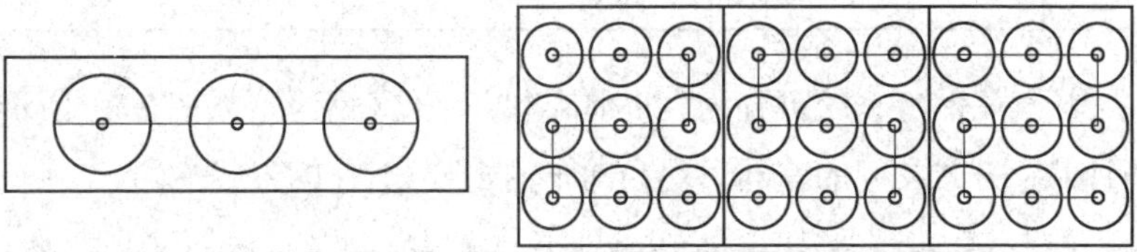

（a）单组式储气瓶组　　（b）多组式储气瓶组

图 3-27　CNG 储气瓶组不同布置方式

关于单组式储气瓶组和多组式储气瓶组的使用对比简述如下：

（1）地面储存一般为单组式气储气瓶组（钢瓶数量有三罐、六罐、九罐，根据加气站大小而定），适用于任何地面安装，气瓶制造符合美国机械工程师标准。气瓶壁厚比多组式储气瓶组的小气瓶壁厚 39%左右。每个气瓶之间连接接头和阀门比多组式储气瓶组少（如三罐组则有三个接头），气罐数少，接头少，输气直径大，结构紧凑，有良好的抗冲击和抗震能力。气瓶上设有排水孔，每只气罐的容积大，如三罐组合的 3 000 L（水容积）单组式气罐，一般可相当于每只 46 L（水容积）的气瓶 60 只，没有定期检查和试验的强检要求。

（2）多组式储气瓶组按加气站设计充气量的大小，一般由 80～200 只小气瓶组成。无论采用立式还是卧式瓶组装置，都必须用管线将钢瓶连接成一个单独的储气装置，而每一个气瓶都要装截断阀，因而储气瓶组的组装接头多于单组式储气瓶组（相较而言，增加了管道泄漏的潜在可能性）。输气管直径较小（相比于单组式，充气时流动阻力较大），气瓶定期检查和试验周期的标准要求为 5 年。

（3）以上两种 CNG 的储存系统相对而言，各有利弊。单组式储气瓶组一次性投入大，但维修费用低；多组式储气瓶组初期投入费用小，但使用维修费用高。如何选择 CNG 的储存系统，还需依据加气站的情况确定。

合理的储气瓶组的容量，不但能提高储气瓶组的利用率和加气速度，还可以减少压缩机的启动次数，延长使用寿命。根据经验，通过编组方法，可提高加气效率，即将储气瓶组分为高压、中压、低压三组，瓶数比例以 1∶2∶3 为好。当压缩机向储气瓶组充气时，应按高压、中压、低压的顺序进行；当储气瓶组向汽车加气时，则应按低压、中压、高压的顺序进行。

通过大气瓶和小气瓶相比较可知，大气瓶一次性投资较高，而小气瓶投资相对较小；当储气容积相同时，大气瓶所用的数量很少，年维护量小，维护费用较低，而小气瓶所用数量很大，年维护量大，费用也高；大气瓶一般都设有排污孔，便于定期排出瓶内油污，小气瓶没有排污孔，清除油污较困难；大气瓶上的气阀和管件很少，可靠性较高，而小气瓶数量多，气阀和管件很多，不安全因素增大。这些因素都需要我们在建站时综合考虑。

2）CNG 储气瓶组操作及管理维护

（1）一般操作规定。

①储气设施应严格遵守特种设备安全技术《固定式压力容器安全技术监察规程》（TSG 21）中使用、管理的规定，根据储气设施的技术性能和生产工艺说明要求进行安全操作。

②储气设施应按国家有关规定，经有关部门检验合格，领取压力容器使用证后方可投入使用。

③操作人员应经培训并考核合格后持证上岗，掌握储气设施结构、原理和操作应有的技能。

④储气设施运行中严禁超温、超压运行，在运行中一旦出现如下异常现象，操作人员应停止运行并采取紧急措施：

a. 工作压力、温度或壁温超过规定值，采取各种措施后仍不能降低。

b. 重要受压元件发生裂缝、鼓泡、变形、泄漏等缺陷危及安全。

c. 安全附件失效，紧固件损坏难以保证安全运行。

d. 超压充装。

e. 压力失去控制。

f. 储气设施容器与管道发生严重振动，危及安全运行。

⑤储气设施内部有压力时，不得对容器进行任何修理和紧固工作。

⑥储气设施的使用应严格按操作规程进行，应“平稳操作，防止超载”，当压力超过最高许用压力，应立即采取紧急措施，按规定程序切断上流气源，并打开外泄压装置，使压力下降至规定范围内。

⑦操作人员应“定时、定员、定线”进行巡回检查，及时发现问题，及时处理并上报站领导。应重点检查：

a. 各连接部位有无泄漏、渗漏现象。

b. 安全装置及附件是否完好。

c. 检查操作条件。如压力、温度、液位等。

⑧储气设施应加强维护保养，保证安全，可靠运行，其内容包括：

a. 保持安全附件、阀门等零部件的完整、清洁、灵敏、可靠有效工作。

b. 对泄漏点应及时修复或采取相应的安全措施。

c. 紧固件应保持齐全、完整。

d. 保持绝热、保温层的完好。

e. 表面应保持整洁，如发现裂纹、鼓泡或基础倾斜、下沉应立即采取有效措施。

f. 发现有震动应及时分析原因并采取有效措施，使之消除或减轻。

g. 储气设施应按规定定期检验，检验时需由有资质的单位进行。

（2）储气井操作规程。

①2～3 个月内排一次污水，具体操作是将常闭球阀打开，另把常闭针阀微微打开，排出气体 3 min 后还未见水分流出，说明气井是干净的。若有水分，将水分排尽为止。

②若高压系统出现紧急问题，关闭常开球阀；若常开球阀有问题，则关闭常开检修球阀。

③储气井区禁止接、打手机，禁止烟火。

④储气井区禁止任何人敲打、震动。

⑤若压力表须更换，要先关闭两个常开球阀，再把压力表卸下进行更换。

⑥储气井阀门的开或闭应派专人管理，悬挂阀门开关指示牌，不准任何非工作人员开关。

（3）储气设施安全附件的管理。

储气设施的安全附件包括安全阀、爆破片、压力表、测温仪表。

①安全阀。

a. 安全阀应垂直安装。

b. 储气设施正常运行时，储气设施与安全阀之间阀门必须保持全开。

c. 安全阀应定期校验但必须加装铅封，铅封不全者不得使用。

②压力表。

a. 压力表精度应按容器的压力要求进行选择，中压容器不低于1.5 级，高压容器不低于 1.0 级（易选耐震压力表）。

b. 压力表盘量程上限值应为容器最高工作压力的 1.5～2 倍，刻度盘上宜画有红线，指示容器设计规定的最高工作压力，表盘直径不小于 150 mm。

c. 压力表应定期检定，每年一次，检定合格的压力表应有检验合格报告，不合格者不得使用。

③测温仪表。

容器上测试温度的仪器、仪表应定期检查、检定，并做好记录。检定周期应符合国家相关规程的规定。

（4）储气瓶组的检查维护。

①检查储气瓶组外观有无漆皮脱落，瓶组间连接处的卡套、手阀有无锈迹。

②检查储气瓶组手阀开启是否灵活，有无泄漏现象，定时查漏，若开启不灵活，及时更换。

③检查连接管道处有无泄漏、卡套是否松动，泄漏、泄压后方可重新紧固。

④每月开启和关闭气瓶阀门一次。

⑤正常工作时，应每周定期排污一次，排污时按如下操作步骤进行：

a. 关闭旋塞阀后，打开排污球阀。

b. 缓慢打开旋塞阀，进行排污，防止油污外溅。

c. 排污过程中要监护周围，保证安全，不得有火源。

d. 排污结束，先关闭排污球阀，再关闭旋塞阀。

e. 排除的油污要集中回收，妥善保管，保证安全和环保。

⑥储气瓶组放散操作指引：

a. 须放散时，首先考虑周围环境有无隐患，是否适合放散，然后疏散周围非工作人员，围好警戒线，放置警示标志。

b. 操作人员必须穿防静电服装。

c. 关闭储气瓶上游进气阀门，逐步加大放散阀开度。

d. 放散每隔 3 min 停 1～2 min，再继续进行，反复直到放散完全才可进行后面的工作。阴天或雨天间隔可适当延长 2～3 min，大雾天气严禁对气瓶实施放散。

e. 球阀或手阀放散时，操作人员应处于与放散气流方向大于 90°夹角的位置，角阀应先打开一圈，到放散最后时，再完全打开，冬天放散时，严禁强行开启阀门。

f. 放散时宜先进行排污，放散完全后须等待 15 min，再进行其他的操作。

g. 储气井检验周期按照现行行业标准《高压气地下储气井》（SY/T 6535）的要求执行。

h. 定期检测井口装置有无损坏、泄漏及严重锈蚀，平时保持清洁干燥。

i. 严禁带压操作，储气井泄压时应注意因压差引起的冰堵，防止伤人。

j. 储气井区要有良好的通风条件，井区不能堆放杂物。

2. CNG 管束车

1）CNG 管束车介绍

CNG 管束车利用天然气的可压缩性，通过加气柱将 CNG 储存于槽车容器组中，将 CNG 从 CNG 母站运输到各个使用场所，并作为使用场所的气源使用，其主要连接控制部件如图 3-28 所示。

1—单注回油手动控制阀；2—双注回油手动控制阀；3—CNG 总高压排气手动控制阀；4—顶升回油控制阀；5—顶升注油控制阀；6—单注回油阀块；7—槽车 CNG 总排气手动控制阀；8—CNG 总排气阀块；9—双注回油阀块；10—顶升快装接口；11—前仓气路快装接口；12—单注回油排放阀；13—双注回油排气阀；14—后仓气路快装接口；15—排气管路放散阀；16—静电接地线；17—顶升阀块操作手柄。

图 3-28　CNG 管束车主要连接控制部件

2）CNG 管束车操作及管理维护

（1）高压储气管管理维护。

①瓶式压力容器的端塞密封泄漏、爆破片爆破或者泄漏，应立即停止系统运行，关闭各手动球阀，打开放散阀，摘除快装接头与子站高压软管的连接，将车拖至安全通风无明火的开阔地带，并尽快通知厂家。

②压力表、管件接头、快装接头、阀门、高压软管等如发生泄漏，立即停止系统运行，关闭相关各手动球阀，放散油路和气路的压力，并及时维修。

③“U”形螺栓与管件间的胶管、垫片如发生松脱、老化或遗失，

请及时紧固、更换。

④快装接头的连接如不灵活，请及时更换。

⑤高压软管如出现凹凸、破裂、褶皱及折痕，请及时更换。

⑥由于槽车在运输过程中的颠簸，会使钢瓶根部与球阀之间的活节产生松动，因此对该部位每周应进行一次检查。检查泄漏方法：采用稀释的洗洁精水或者肥皂水，或者天然气泄漏检测仪检查连接密封处，无泄漏为合格。

⑦瓶式压力容器应到符合现行国家标准《气瓶检验机构技术条件》（GB/T 12135）的具有省级以上质量技术监督行政部门锅炉压力容器安全监察机构核准资格的检验站定期检验。

⑧瓶式压力容器及安全附件的定期检验按国家有关规定执行。

（2）车身管理维护。

①首先应检查板簧中心螺栓是否断裂，板簧是否串位和断裂，如有断裂应及时更换。

②松开前后轴对角可调拉杆的锁紧螺栓。

③每月检查牵引销有无损伤、裂纹和过早磨损。

④检查牵引销紧固螺栓是否有松动，若有松动，及时紧固。

⑤测量牵引销直径，直径小于极限尺寸时，应修复或更换。

⑥检查固定摩擦板有无伤痕、扭曲及异物，必要时进行修理。

⑦牵引销与鞍座出现间隙时，应调整鞍座左边的调整螺栓，向外旋转约 10 mm，拉出并猛松鞍座手柄，行驶车辆感觉无松动冲击块时，锁紧调整螺丝。

⑧保养鞍座：提车一周后，应摘下车头用柴油清洗鞍座表面，然后擦净油污和铁锈，涂上润滑脂，以后每月清洗并加油一次（此时鞍座摩擦表面与牵引板会出现沟槽，这属于正常现象，一年以后就会磨成一个平面）。

⑨脱离牵引车时，根据地势，必要时支腿下部应垫垫木块，防止

超过行程而损坏支腿或支腿下陷。

⑩检查各车灯，若有破裂或断丝，均应更换。

（3）CNG 槽车（管束车）的排污。

①正常运行状态下，各瓶口处的排污阀门和汇总后的阀门是关闭的，为保证槽车的良好使用状况，要求每 2 个月对槽车进行一次排污。

②槽车排污时应严格按照下列步骤进行：

a. 容器内残留气压应在 0.4～0.6 MPa，严禁在满车状态下排污。

b. 连接好排污管路，引至安全地点。

c. 打开各瓶口排污阀，打开排污汇总阀，进行排污。

d. 当瓶内压力降至 0.3 MPa（压力表只测排污瓶体内压力）时，关闭各瓶口排污阀和排污汇总阀。

e. 排污作业禁止在夜间进行。

（4）CNG 槽车（管束车）安全操作要点。

①CNG 槽车（管束车）的管理人员、司机、押运员应对槽车的安全运行负责。

②司机和押运员必须充分了解 CNG 槽车（管束车）的性能和各个装置附件的操作并须掌握所运输介质的基本特性，熟知公路运输安全规定、防火知识及所配灭火工具的正确使用方法等，严格执行现行行业标准的相关要求，能果断处理应急情况和各种事故。司机和操作员必须经过培训并经考试合格后，持证上岗。

③CNG 槽车（管束车）的装卸气单位应有省级质量技术监督行政部门锅炉压力容器安全监察机构的注册登记。

④CNG 槽车（管束车）必须专用，不得混装其他介质。

⑤CNG 槽车（管束车）装卸气单位必须在每只容器上粘贴符合现行国家标准《气瓶警示标签》（GB/T 16804）的警示标签和充装

标签。

⑥CNG 槽车（管束车）严禁与助燃气体进行混装。

⑦CNG 槽车（管束车）必须严格按照所购车辆的公称压力（20 MPa）进行充装。

⑧严禁敲击、碰撞瓶式压力容器。

⑨凡属下列情况之一的，应先进行处理，否则不允许进行充装作业。

a. 钢印标记、颜色标记不符合规定，对瓶内介质未确认的。

b. 附件损坏、不全或不符合规定的。

c. 瓶内无剩余压力的。

d. 超过检验期限的。

e. 经外观检查，存在明显损伤，需进一步检验的。

f. 首次充装或定期检验后的首次充装，未经置换或抽真空处理的。

⑩严禁在瓶体上用火焰、等离子切割挖补或焊接修理。

⑪瓶式压力容器的气体不得排尽，容器内剩余压力不应小于 0.2 MPa。

⑫在进行充装作业时，充装人员不得离开现场，司机不得启动车辆；在公路上停车时至少应留一人看守。

⑬充卸现场及槽车（管束车）附近严禁烟火，并不得使用易产生火花的工具和物品，照明时只许使用有橡胶防爆外壳的照明用具。

⑭管束车检修时，必须是空车，不得装有介质且必须停放在无明火、通风良好的地方，必须动火时，应彻底清除残余的介质，并报告有关安全技术部门，经许可后方可进行。

⑮CNG 槽车（管束车）在充装介质后，不得在阳光下暴晒，避免升温过快、压力过高，必要时用水降温。

⑯禁止采用直接给瓶体进行加热的方法卸气。

⑰CNG 槽车（管束车）最高行驶速度普通公路不能超过 60 km/h，

高速公路不能超过 70 km/h。

3. CNG 压缩机

1）CNG 压缩机介绍

压缩机主机是整个加气站的心脏，压缩机性能直接影响整个加气站运行的可靠性和经济性。标准站压缩机的入口压力一般为 0.5 MPa 以下，压缩机通常为四级压缩结构，如图 3-29 所示。

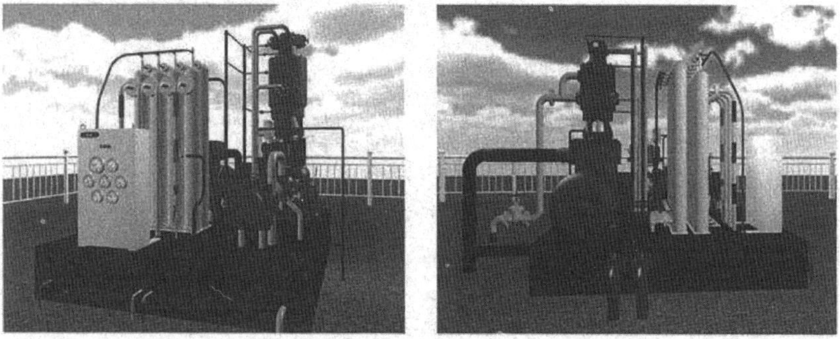

图 3-29　CNG 压缩机

（1）CNG 压缩机分类。

CNG 压缩机按压缩方式不同，可分为以下两类：

①动力式，透干式、离心式等；

②容积式，往复活塞式、螺杆式、滑片式、隔膜式等。

CNG 加气站用的压缩机，排气压力高，排气量小，一般采用往复活塞式压缩机。若采用其他种类的压缩机，难以达到加气站所要求的高压，且机组庞大，造价高。

往复活塞式压缩机按气缸润滑方式分为无油润滑和有油润滑，按冷却方式分为水冷和风冷，按密封方式分为填料密封和带压曲轴箱密封，按结构形式可分为“V”形、“W”形、“L”形、“Z”形、“D”形、“M”形、“H”形和“P”形，部分形式见表 3-7。

表 3-7 常见压缩机对比

形式	震动	占地面积	管线布置	维修	基础要求	变形
“V” / “W” / “M”	小	小	易	易	低	难
“L”	小	较小	难	难	较高	易
“D”	小	较小	易	易	较低	易
“Z”	较大	较小	较难	较难	低	难

（2）CNG 压缩机工作原理。

曲轴经联轴器（飞轮）直接由防爆电机驱动，由此带动与曲轴曲柄销连接的两根连杆运动，连杆与“十”字头销连接，将其作用力传递给活塞，并将曲轴的旋转运动转换为活塞的往复运动。本机各级气缸均为单位作用，每级压缩完毕后经级间冷却和油水分离器分离后，逐级进入下一级压缩，直到达到额定压力后排出。

（3）CNG 压缩机主要有气路系统、润滑系统及冷却系统。

气路系统的作用主要是将气体引向压缩机，经压缩机各级压缩之后，再引向使用场所。

加气站用压缩机的排气压力一般设计为 25 MPa。也有的稍高一些，达到 27.8 MPa。进气压力范围很广，最小可为 0.035 MPa，最大可达 9 MPa。

其排气量可根据不同加气站规模进行选择。小型站如家用 CNG 站排气量可低至 16 m^3/h，大型站快充站排气量可达 2 000 m^3/h。但应用最广的是排气量适中的压缩机，如 200～300 m^3/h。一般加气站设计为 2 台压缩机，采用一开一备的方式。

润滑系统的作用主要是将润滑油输送至各个润滑点。

对加气站来说，压缩机的一个重要技术性能指标是其气缸润滑方式。压缩机润滑系统包括曲轴、气缸、活塞杆、连杆轴套以及“十”

字头等处的润滑。该系统由预润滑泵、扦环泵、分配器、油压表、油温表、传感器、油冷却器、过滤器、油箱（曲轴箱）、废油收集器等部件组成。

压缩机是一种做高速旋转运动和往复直线运动的机器，在运动部件之间必须进行良好的润滑才能保证机器的正常运行，以减少磨损，延长使用寿命。压缩机润滑系统包括曲轴主轴承的润滑、曲轴连杆间的润滑、“十”字头的润滑、活塞与气缸之间的润滑等。

从气缸润滑方式看，主要有有油润滑和无油润滑两种。

所谓压缩机的有油润滑方式，是指气缸与活塞间润滑，只有这部分润滑油才能被带入压缩介质里（如天然气）。无油润滑压缩机是为了保证介质的洁净而设计的压缩机类型。

CNG 压缩机一般采用强制润滑方式。使用润滑油泵将集油池中的润滑油强制输送到各润滑点，润滑油经循环油路进行过滤、冷却后返回集油池（有时是以曲轴箱代替），如此循环往复。

强制润滑一般在各润滑点设置，可以保证润滑的可靠性。

天然气压缩机润滑油的性能要求比空气压缩机润滑油高，这是因为天然气更容易与润滑油混合，以致将润滑油稀释。另外，天然气中所含的少量杂质会加快润滑油的变质，所以要求天然气压缩机润滑油具有更好的性能。

对有油润滑的压缩机必须设置油气分离器。

冷却系统作用主要是冷却各级排气、润滑油，保证压缩机热力循环，使高温零件得以降温，润滑油温不至于过高而降低润滑性能等。

从冷却方式看，有气缸水冷的，也有气缸上设置散热翅片进行风冷的。

CNG 压缩机的排气温度经过冷却后一般要求在 40℃以下，排气压力一般取 25 MPa，这是目前最为合适的配置，而加气站技术的发展趋势表明 25 MPa 较为经济、可靠和安全。

2）CNG 压缩机的操作及维护

（1）压缩机启动前的准备工作。

①检查压缩机曲轴箱和注油器油位是否在规定范围之内。

②检查循环水池内水量是否充足。

③检查空气压缩机是否启动，压力是否正常。

④检查压缩机进气压力是否处于 0.45～1.08 MPa，若进气压力低于 0.45 MPa，则不允许启动；若进气压力高于 1.08 MPa，则需在计量调压装置上进行调压，使其压力低于 1.08 MPa。

⑤如果上述检查参数一切正常，可手动盘车 2～3 圈，确认各运动机构轻巧无卡阻。

完成上述工作后方可启动压缩机。

（2）压缩机的启动运行步骤。

①合上压缩机控制柜内系统总电源开关，电压正常值应为 380+10% V。

②通电后触摸屏进入初始画面，点击“操作员界面”按钮，进入操作界面（图 3-30），可以选择系统手动运行或自动运行。

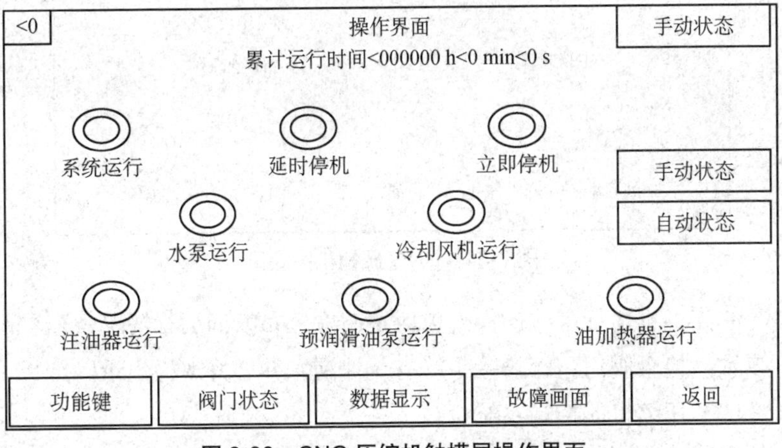

图 3-30　CNG 压缩机触摸屏操作界面

③先点击“自动状态”按钮，再按下压缩机控制柜（图 3-31）上的“主机启动”按钮，延时 1 min，软启动开启，启动完成后自动切换至旁路运行，系统进入正常运行状态。润滑油压力、冷却水压力、进气压力、各级排气压力及温度等参数信号传入 PLC 控制装置，监控系统的运行。如有异常会自动报警直至停机。实施紧急停机再开机时，急停开关必须先复位。

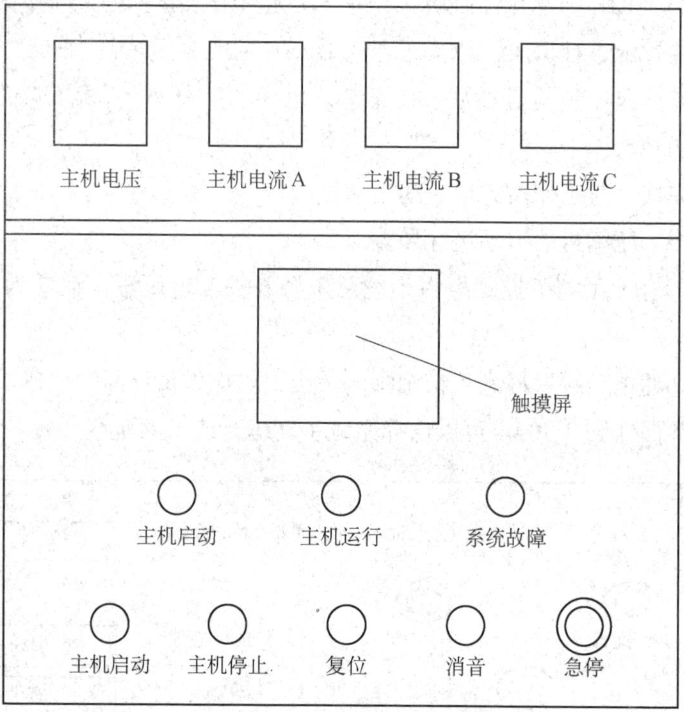

图 3-31　CNG 压缩机控制柜

④压缩机运行中，操作人员应巡回检查系统的运行情况，查看运行参数，检查阀门、管路接头等有无泄漏，并做好巡检记录。

（3）压缩机的控制系统。

系统分手动和自动控制，可在操作员界面选择控制方式。

①压缩机的手动控制。

a. 在触摸屏操作界面按“手动状态”键，则系统处于手动状态。

b. 操作界面中的“水泵运行”键可单独控制水泵启停。

c. 操作界面中的“冷却风机运行”键可单独控制冷却风机的启停。

d. 操作界面中的“注油器运行”键可单独控制注油器的启停。

e. 操作界面中的“油加热器运行”键可单独控制油加热器的启停，当油温大于70℃时，加热器自动停止加热，此时“油加热器运行”按键无效。

f. 操作界面中的“预润滑油泵运行”键可单独控制预润滑油泵的启停。

g. 主机手动启动前，先启动水泵、注油器、冷却风机、预润滑油泵，且运转参数符合压缩机运行工艺参数的要求时，按下控制柜上“主机启动”按钮，延时1 min后，预润滑油泵停止工作，主机软启动开始运行，启动正常后切换到旁路。

h.“主机停止”键可单独停止主机。水泵、注油器和冷却风机在主机停机后延时停机。主机运行时如果按下“水泵停止”或“注油器停止”或“冷却风机停止”任意一键时，主机立即停机。

i. 手动控制只能用于维修及调试。手动运行时，无数据比较限制过程和数据比较报警功能，只对外部故障或过载起保护作用。

②压缩机的自动控制。

在操作员界面选择自动运行方式，系统处于自动状态。

a. 合上各电源断路器，检查软启动、触摸屏是否显示正常，将功能键“自动”按钮按下，指示灯显示“自动状态”。

b. 自动状态下，润滑油温度开始监控。油温低于5℃时，油加热器自动加热；当油温大于25℃时，加热器自动停止加热。当油温高于5℃时，按下“主机启动”按钮。此时，水泵电机和风机先启动，延时 30 s 后注油器、预润滑油泵启动，再延时 1 min，回路阀打开、预润滑油泵停止，软启动开启，完成后自动切换至旁路运行，随后延时 1 min，进气阀打开，回路阀关闭，系统进入正常运行直至加气完毕系统自动停机。

（4）更换压缩机润滑油的操作。

①压缩机正常停机，待冷却后，取掉呼吸器盖板，打开机身的排污阀，放出润滑油。

②向机体内加入等量柴油，启动压缩机运转 2～3 min，清洗润滑管路，随后打开排污阀，放出柴油。

③观察吸油过滤器及精过滤器的脏污程度，判断是否需要清洗或更换。

④将吸油过滤器注满符合规定的润滑油，并安装到位。

⑤向压缩机内加注符合规定的润滑油至标准范围，换油完毕。

（5）压缩机的排污操作。

①压缩机Ⅰ～Ⅳ级分离器排污方式为自动排污，进出口缓冲器则是手动排污。压缩机各级分离器排出的油液混合物经 RL04 管线及 RL05 管线汇集到 RL03 管线进入排污罐，经排污阀 F401 管线及 RL02 管线进入隔油池。进口缓冲器每 4 h 排污一次，出口缓冲器每 8 h 排污一次。

②压缩机集油罐的排污。压缩机填料磨损严重时会产生漏气，使油液混合物排入压缩机集油罐，同时填料漏气回收管有发热现象，集油罐的排污需要手动操作，打开排污阀直至没有油污流出然后关闭排污阀，要求每天排污一次。

③压缩机安全阀放空总管的排污。压缩机安全阀放空总管的底部有一根排污管，填料磨损泄漏的气体经集油罐可以进入放空总管，放空总管的排污为手动排污，每天排污一次。

4. CNG 顺序控制盘

CNG 顺序控制盘是 CNG 加气站中不可缺少的设备，如图 3-32 所示，通过顺序控制盘可实现对加气站的储气瓶组进气和出气的自动控制。

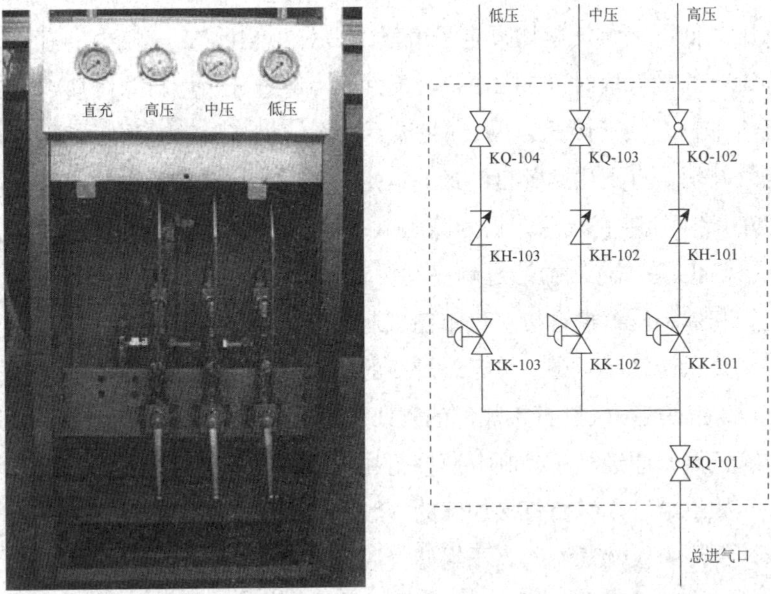

（a）实物　　（b）原理示意

图 3-32　CNG 顺序控制盘

储气瓶组通常设计成具有 3 种不同设定气压力的三级储气瓶组，分别称为高压组、中压组、低压组，每组有一个或若干个储气瓶（根据所设计的容积及单个气瓶容积而定），其储气容积比一般为 1∶2∶3。

压缩机启动工作，达到一定压力后，按顺序阀对每一级（端）储气瓶加气。对高压气瓶组充气，达到设定压力（22 MPa）后，停止对高压瓶组充气；自动切换到中压瓶组充气，达到中压瓶组设定最高压力（22 MPa）后，停止对中压瓶组充气；切换到低压瓶组充气，低压瓶组达到设定压力（22 MPa）后，对三组同时充气的方法使每一组气缸内的气都能得到冷却，从而使气缸能达到可能的最高压力。对储气瓶组的充气完成，压缩机自动停机。此加气顺序称为加气优先。

当加气站为汽车进行加气时，储气瓶组中的气体压力会降低。加气时先用低压组气瓶的CNG，其次是中压组，最后是高压组。高压、中压、低压三组气瓶均设定了最低压力（20 MPa），气瓶中的压力降到设定的最低值时（20 MPa），压缩机不经过分级燃料储气瓶，而直接给车辆充气（慢充）。加气完成后，压缩机将自动对储气瓶组进行充气补偿，直到达到各自的最高设定压力时停机。按优先顺序给分级CNG储气瓶补充气源，仍为高压组、中压组的气动控制阀共同完成。

CNG顺序控制盘通过顺序阀自动实现对几组储气瓶（罐）的顺序充气和控制压缩机直接对汽车储气瓶加气。

高压储气瓶（罐）组充气管线的压力受一个顺序阀的控制。充气时，如果给汽车气瓶直接加气的管线压力低于20 MPa，则顺序阀关闭，压缩天然气通过程序控制盘连接至加气机对汽车气瓶加气。

如果给汽车气瓶直接加气的管线压力高于20 MPa，则该顺序阀打开，使压缩天然气流入高压组储气瓶（罐）。

当高压储气瓶（罐）组的压力达到22 MPa时，中压组顺序阀打开，压缩天然气充入中压储气瓶（罐）组。

当中压储气瓶（罐）组的压力达到22 MPa时，低压组顺序阀打开，压缩天然气充入低压储气瓶（罐）组。

当低压储气瓶（罐）组的压力达到22 MPa时，压缩机向高压、中压、低压三组同时充气，直至压力达到25 MPa。

CNG顺序控制盘还附有慢充设施，当快充管线的压力达到25 MPa时，慢充顺序阀打开，压缩天然气通过压力限制调节阀（截止压力出厂调节为汽车气瓶充入的最大压力20 MPa），供停驶在工棚中的汽车直接加气。当慢充管汇的压力达到20 MPa时调节阀关闭，压缩机停止工作。

5. CNG 空气压缩机

1）CNG 空气压缩机介绍

CNG 空气压缩机是加气站中仪表风系统气源装置中的主体，它是将原动机（通常是电动机）的机械能转换成气体内能的装置，是压缩空气的气压发生装置，按工作原理可分为容积式压缩机和速度式压缩机。

现在常用的 CNG 空气压缩机有活塞式空气压缩机、螺杆式空气压缩机（螺杆式空气压缩机又分为双螺杆式空气压缩机和单螺杆式空气压缩机）、离心式压缩机、滑片式空气压缩机、涡旋式空气压缩机（图 3-33）。

图 3-33　CNG 空气压缩机

2）CNG 空气压缩机的操作

（1）运行开始前：

①检查确认各部位的阀门是否在正确位置。

②检查一切防护装置和安全附件是否处于完好状态。

③检查润滑油面是否合乎标准，安全阀是否在使用有效期内，电源是否已连通，是否有漏气和漏油现象。

④已符合要求，启动开机按钮后检查空气压缩机声音是否正常，检查排气压力是否在正确范围内（4～7 MPa），可根据面板显示和储

气罐的压力表指示做对比。随时注意压缩机排气温度是否正常（不超过 85℃），如果有异常，及时按紧急停机按钮，并查清原因后启动空气压缩机。

（2）操作步骤（第一次启动时，应先将储气罐内的水排除干净）：

①首先按下空气干燥机“ON”按钮，然后让空气干燥机运行 5 min 以上。观察干燥机是否运行正常平稳。

②按下空气压缩机“启动”按钮。

③缓慢打开排气阀门至完全开启。

（3）关机：

①按下空气压缩机“停止”按钮。

②按下空气干燥机“OFF”按钮。

③关闭排气阀门。

3）CNG 空气压缩机的管理维护

（1）安全及注意事项：

①当环境温度接近或超过 30℃时，应采取方法降温。

②当室内噪声大于 90 dB 时，应戴防护耳罩。

（2）各主要部件的定期保养和维护。

为使 CNG 空气压缩机能够正常可靠地运行，保证机组的使用寿命，须制订详细的维护计划，执行定人操作、定期维护、定期检查保养，使空气压缩机组保持清洁、无油、无污垢。

需要注意以下几点：

维修及更换各部件时必须确定，空气压缩机系统内的压力都已释放，与压力源已隔开，主电路上的开关已经断开，且已做好禁止合闸的安全标志。

压缩机冷却润滑油的更换时间取决于使用环境、湿度、尘埃和空气中是否有酸碱性气体。新购置的空气压缩机首次运行 500 h 须更换新油，以后按正常换油周期每 4 000 h 更换一次，年运行不足 4 000 h

的机器应每年更换一次。

油过滤器在第一次开机运行 300～500 h 必须更换，第二次在使用 2 000 h 更换，以后则按正常时间每 2 000 h 更换。

维修及更换空气过滤器或进气阀时切记防止任何杂物落入压缩机主机腔内。操作时将主机入口封闭，操作完毕后，要用手按主机转动方向旋转数圈，确定无任何阻碍，才能开机。

在机器每运行 2 000 h 左右须检查皮带的松紧度，如果皮带偏松，须调整，直至皮带张紧为止；为了保护皮带，在整个过程中须防止皮带因受油污染而报废。

每次换油时，须同时更换油过滤器。

清洁冷却器。CNG 空气压缩机每运行 2 000 h 除散热表面灰尘，需将风扇支架上的冷却器吹扫孔盖打开，用吹尘气枪对冷却器进行吹扫，直至散热表面灰尘吹扫干净。倘若散热表面污垢严重，难以吹扫干净，可将冷却器卸下，倒出冷却器内的油并将 4 个进出口封闭以防止污物进入，然后用压缩空气吹除两面的灰尘或用水冲洗，最后吹干表面的水渍，装回原位。

切忌用铁刷等硬物刮除污物，以免损坏散热器表面。

排放冷凝水。空气中的水分可能会在油气分离罐中凝结，特别是在潮湿天气，当排气温度低于空气的压力露点或停机冷却时，会有更多的冷凝水析出。油中含有过多的水分将会造成润滑油的乳化，影响机器的安全运行，如造成压缩机主机润滑不良、油气分离效果变差、油气分离器压差变大、机件锈蚀等。因此，应根据湿度情况制定冷凝水排放时间表。

冷凝水的排放方法。应在机器停机，油气分离罐内无压力且充分冷却，冷凝水得到充分沉淀后进行，如早上开机前。

①拧出油气分离罐底部的球阀前螺堵。

②缓慢打开球阀排水，直到有油流出，关闭球阀。

③拧上球阀前螺堵。

维护工作记录。

每周检查内容：

a. 检查机组有无异常声响和泄漏；

b. 检查仪表读数是否正确；

c. 检查温度显示是否正常。

每月检查内容：

a. 检查机内是否有锈蚀、松动之处，如有锈蚀则去锈上油或涂漆，将松动处上紧；

b. 排放冷凝水。

6. CNG 加气机

1）CNG 加气机介绍

加气机是加气站售气系统的主要组成部分，它具有充装和计量的功能，如图 3-34 所示，并具备安全可靠、计量准确、密闭充装、显示清晰、操作简便的特点。

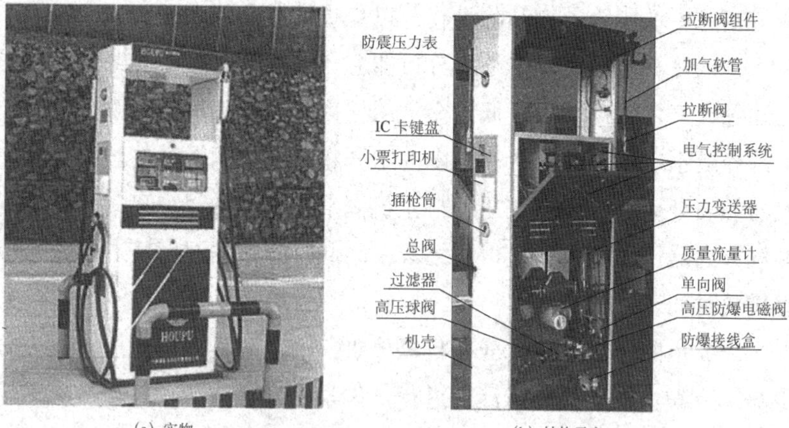

（a）实物　　（b）结构示意

图 3-34　CNG 加气机

当向 CNG 汽车上的气瓶充气时，来自加气站储气系统的高压天然气流经售气系统的计量装置，计量装置传感器产生脉冲信号，经变送器（检测器）传送给电子装置（微电脑装置），再由电脑识别传送来的脉冲信号进行计量、计价和显示。

2）CNG 加气机操作

（1）操作规程。

①要求车辆按指定停车线停车，关闭汽车发动机，拉上紧急刹车，杜绝一切明火，打开加气孔，拿下防尘罩。

②加气工进行充装前的必要检查：检查系统各部位是否正常，是否符合加气要求。

③加气工将接地线与加气车辆连接。

④检查汽车加气接口处阀芯是否按动，如果按动，则可操作，否则检查加气车辆出口处阀门。

⑤将加气嘴从加气机上取下，将其插入加气车辆的加气接口，听到“咔嚓”的声音确认连接牢靠锁住为止。

⑥将加气嘴的阀门手柄从“放空”位置逆时针旋转到“加气”位置。

⑦打开加气车辆的总阀。

⑧按下加气机上的控制按钮，加气机发出 3 s 的蜂鸣声，表示加气过程开始，此时加气机显示屏上的加气量和总金额显示为零，然后开始计数。

⑨加气完成后，加气机再次发出 3 s 的蜂鸣声提示加气完成。

⑩再次按下加气机上的控制按钮复位。

⑪将加气嘴的阀门手柄从“加气”位置顺时针旋转到“放空”位置，并听到气体放散声（加气机旁配有紧急手动切断按钮，充装中如有意外，可手动按下此按钮）。

⑫关闭加气车辆上的总阀。

⑬加气工一只手握住加气嘴组件，另一只手往回拉加气嘴套管，将软管从汽车接气口上摘下并将加气嘴组件放进加气架。

⑭加气工将接地线从加气车辆上摘下。

⑮由司机将防尘罩盖上，关闭加气孔。

⑯加气工进行充装后的检查，确认加气完毕，指示司机启动发动机方可驶离气区。

（2）安全注意事项：

①车辆进站后限速 5 km/h，停在站内的车辆，司机不能远离，不准在站内试车、修车。

②进入站内的操作人员应穿着导静电鞋、防静电工作服和防静电手套，不准穿着化纤衣服；若无静电工作服，可以用纯棉工作服代替。进入站内管理人员也不得穿着钉鞋和化纤衣服。

③如因设备故障或管道阀门泄漏等原因不能马上供气，应马上通知有关人员，组织力量抓紧抢修。

④严格执行各项操作规程，发现火险隐患应及时处理，听到泄漏警报，必须尽快查出漏点并及时进行维修。

⑤与安全阀串联的阀门必须常开，所有仪表应经常进行检查，如发现异常现象，应停机及时处理，确保仪表显示的准确性。

⑥站内的消防器材必须每日进行一次检查维修，以确保消防器材经常处于良好状态。

⑦熟悉各项规章制度，安全管理制度，工艺操作规程，天然气的物理、化学性能，学会各种消防器材的使用和灭火技术，掌握门站内各种设备和阀门的主要技术参数、性能、工作原理以及操作规程，设备小修和保养知识。

⑧要养成对设备管道和阀门勤检查、勤保养、勤打扫的好习惯，

美化周围工作环境，消除站内垃圾及脏物等。

⑨加气机在工作状态下的加气流量应大于 0.25 m^3/min。加气机的计量要求精度不应低于 1.0 级，计量应以立方米（m^3）为单位，最小分度值为 0.1 m^3。

⑩加气计量应进行压力、温度补偿并换成标准状态（压力为 101.325 kPa，温度为 293.15 K）下的数值。

⑪在寒冷地区应选择适合当地环境温度条件的加气机，确保正常运转和计量的准确。

⑫加气机的进气管上应设防撞事故自动切断阀，确保加气的安全。加气机的加气软管上应设拉断阀，拉断阀在外力的作用下分开后，两端应自行密封。

⑬加气软管及软管接头应选用具有耐腐蚀性能的材料。

⑭每天应对加气机各部件进行检查和维护保养，发现问题及时处理，随时保持整台加气设备整洁、灵敏、性能良好，处于最佳运行状态。

第四章

液化天然气加气站

在液化天然气（LNG）加气站日常生产运营中，需要对加气站的基础情况有所了解，才能更好地完成LNG加气站的日常生产和管理，本章对LNG加气站的一些基本情况进行详细介绍。

第一节　LNG加气站基本工艺及操作规程

LNG加气站的基本工艺主要包括卸车工艺、储罐增压工艺、加液工艺、仪表风系统工艺、安全放散工艺，如图4-1所示。

1. LNG加气站卸车工艺及操作规程

LNG通过槽车或罐式集装箱车从LNG液化工厂运抵用气城市LNG气化站，利用槽车上的空温式升压气化器对槽车储罐进行升压（或通过站内设置的卸车增压气化器对罐式集装箱车进行升压），使槽车与LNG储罐之间形成一定的压差，利用此压差将槽车中的LNG卸入气化站储罐内。卸车结束时，通过卸车台气相管道回收槽车中的气相天然气。

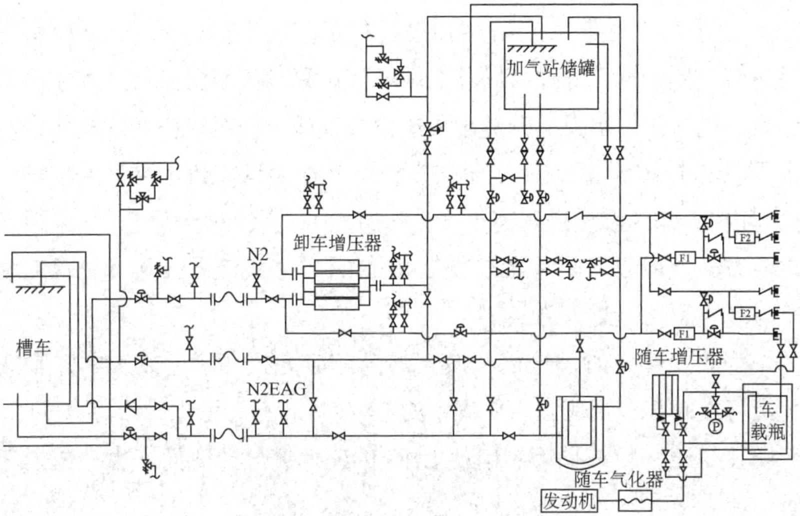

图 4-1　LNG 加气站工艺流程

1）LNG 加气站卸车工艺

卸车方式有自增压卸车、泵增压卸车以及泵卸车 3 种。

（1）自增压卸车：槽车内的液体自流进入卸车气化器中，气化后回到槽车的气相，增加槽车的压力（此功能可以在停电的情况下使用，保证停电的情况下顺利完成卸车），使液体流入储罐中。

（2）泵增压卸车：槽车内的液体流进泵池后（需先对泵池进行预冷），经潜液泵打入卸车气化器中，气化后进出槽车的气相，增加槽车的压力，使液体流入储罐中。

（3）泵卸车：槽车内的液体流进泵池后（需先对泵池进行预冷），经潜液泵打回储罐中。同时，槽车内的液体经增压口流进卸车气化器，气化后回到槽车，加快卸车速度。

卸车时，为防止 LNG 储罐内压力升高而影响卸车速度，当槽车中的 LNG 温度低于储罐中 LNG 的温度时，采用上进液方式。槽车中的低温 LNG 通过储罐上进液管喷嘴以喷淋状态进入储罐，将部分气体冷却为液体而降低罐内压力，使卸车得以顺利进行。若槽车中的

LNG 温度高于储罐中 LNG 的温度，采用下进液方式，高温 LNG 由下进液口进入储罐，与罐内低温 LNG 混合而降温，避免高温 LNG 由上进液口进入罐内蒸发而升高罐内压力导致卸车困难。在实际操作中，由于目前 LNG 气源地距用气城市较远，长途运输到达用气城市时，槽车内的 LNG 温度通常高于气化站储罐中 LNG 的温度，只能采用下进液方式。所以，除首次充装 LNG 时采用上进液方式外，正常卸槽车时基本采用下进液方式。

为防止卸车时急冷产生较大的温差应力损坏管道或影响卸车速度，每次卸车前都应当用储罐中的 LNG 对卸车管道进行预冷。同时，应防止快速开启或关闭阀门使 LNG 的流速突然改变而产生液击损坏管道。

2）LNG 加气站卸车操作规程

（1）劳保用品准备：

场站操作人员准备相关劳保用品及相关工具[包括防冻服、防冻手套、头盔、防冻靴（皮靴）、防爆呆扳手、防爆梅花扳手、防爆活动扳手、防爆断线钳、防爆螺丝刀、四氟垫、装卸车记录本等]。

（2）管道预冷：

场站操作人员依次开启 BOG 加热器前阀、卸车台阀后气液连通阀、1~2 号储罐中的一处上进液连通阀；卸车台阀后连通管出现结霜后，关闭卸车台阀后气液连通阀。

（3）槽车进站前安全检查：

①场站操作人员检查车辆及从业人员的相关证件是否齐全（包括有效的危险货物道路运输许可证、压力容器使用登记证、道路运输驾驶员从业资格证、道路危险货物运输押运员证等）。

②储罐是否在有效期内；储罐无变形、破损或车辆油水无泄漏（槽车罐体标注日期必须在有效期内）。

③防静电接地是否完好。

④安全阀、压力表、液位计在有效期内（外观完好并在有效检测期内）。

⑤是否安装有防火罩（正确安装并且无腐蚀穿孔）。

⑥司机及押运员是否穿着防静电工作服（司机进站前必须穿着防静电工作服）。

⑦配备灭火器是否在有效期内（槽车应配备 2 个灭火器，并且需在有效期内，压力要符合要求）。

⑧驾驶室内无火种及其他危险品（打火机、火柴、汽油等）。

（4）卸车准备：

①槽车限速 5 km/h 以下进入气站，停放到过磅指定位置进行过磅。LNG 槽车进站过磅后停靠卸车台，关闭汽车发动机，槽车钥匙交站区操作人员，槽车前后轮加三角垫木，槽车防静电接地线连接完好。

②驾驶员打开槽车尾部的操作箱门，检查各阀门的开关位置是否正常，压力表、液位计显示的数值在正常范围。正确连接槽车与卸车台间 3 条工艺金属软管。将场站装卸台的 3 条软管与对应的 3 个接口分别连接并紧固，由操作人员对接管的情况进行检查，在符合装卸要求的前提下才能开始下一步操作。

③开启车载气动紧急切断阀，打开车载增压液相、增压气相及出液管上紧急切断阀。

（5）卸车台阀前置换：

①依次开启卸车台增压器液相进口、气相出口、BOG 管道阀门；

②开启槽车增压液相手动阀，打开槽车气相手动放空阀，30 s 后关闭放空阀；

③开启卸车台阀前气液连通阀，打开槽车出液管手动放空阀，10 s 后关闭放空阀。

（6）槽车增压：

关闭卸车台阀前气液连通阀，缓慢开启槽车气相手动阀，观察压力表读数，将槽车增压至 0.5～0.6 MPa（槽车内压力不得高于 0.68 MPa），当槽车内压力达到高于场站储罐压力 0.2～0.3 MPa 后开启底部进液阀，进行自流卸气，整个卸气过程中驾驶员及押运员均不得离开现场。

（7）储罐进液：

①关闭卸车台阀后气液连通阀，依次开启储罐上进液根部阀、储罐上进液连通阀、槽车出液手动阀、卸车台进液总阀，开始进液。

②确认 LNG 由储罐上进液管进液，开启储罐下进液连通阀、储罐下进液根部阀。

③当液位升至储罐高度 2/3 时，确认储罐上进液连通阀为开启状态，关闭储罐下进液连通阀。

④当槽车压力急速下降，关闭储罐下进液连通阀，开启上进液连通阀。

⑤当槽车压力接近储罐压力，关闭卸车台进液阀，开启卸车台前气液连通阀。打开 BOG 系统阀，将槽车及卸车台前剩余液体排放到 BOG 系统中，待槽车压力降至 0.2 MPa 时，气动关闭槽车增压液相、出液、增压气相 3 处紧急切断阀，关闭槽车增压液相、出液、增压气相 3 处手动阀，关闭 BOG 系统阀。

⑥开启卸车台阀前气液连通阀，打开卸车台阀前手动放空阀，确认卸车台阀前全部排空后，关闭卸车台阀前手动放空阀。

（8）卸车完毕：

①关闭槽车气动紧急切断阀。

②开启槽车气、液相手动放空阀。

③拆除连接卸车台与槽车的 3 条工艺金属软管，安装槽车管线接口盲板。

④关闭槽车气、液相手动放空阀。

⑤拆除连接卸车台与槽车的防静电接地线。

⑥移去槽车前后轮三角垫木。

⑦加气站操作人员对现场进行检查，确认安全后将车钥匙交给驾驶员，驾驶员方可启动车辆进行过磅，确认卸载量及签名后，以 5 km/h 以下的车速离开气站。

2. LNG 储罐增压工艺及操作规程

1）LNG 储罐增压工艺

LNG 潜液泵的泵前最佳工作压力是 0.4～0.8 MPa，当储罐的压力低于 0.4 MPa 时就可以选择给储罐增压，因增压的同时也会产生大量 BOG，为合理减少 BOG，LNG 加气站通常有几种增压方式：

（1）自增压。储罐内的 LNG 液体凭借液位产生的压差进入气化器中，经增压器加热气化后回到储罐的顶部，增加储罐的压力（此功能可以在停电的情况下使用，保证停电的情况下也可以对汽车进行加气）。采用自增压方式增压速度相对较慢，但无须消耗电能，如图 4-2 所示。

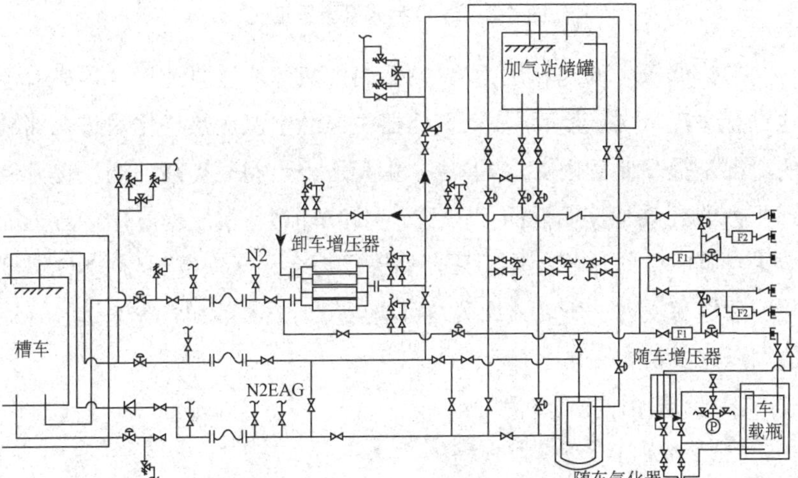

图 4-2　LNG 储罐自增压工艺

（2）泵增压。储罐内的液体流进泵池后（需先对泵池进行预冷），经潜液泵注入气化器中，经空温加热气化后进入储罐的顶部，增加站用储罐的压力，如图 4-3 所示。

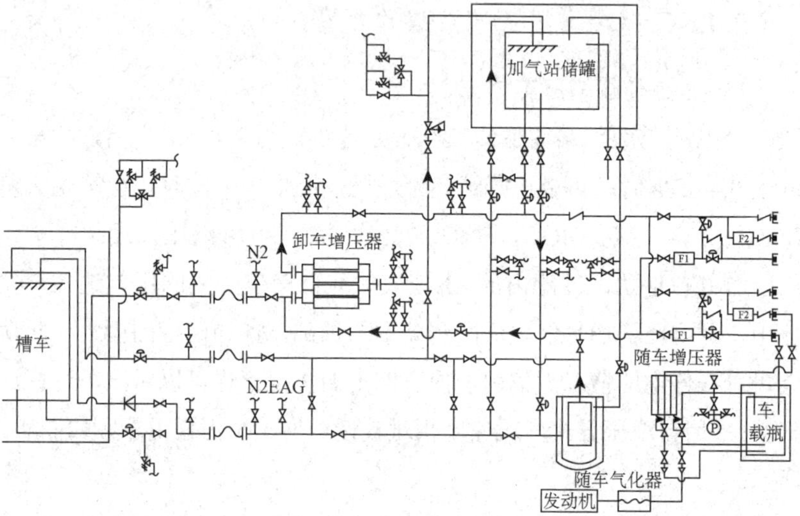

图 4-3　LNG 储罐泵增压工艺

（3）调压（调饱和压力）。储罐内的液体流进泵池后（需先对泵池进行预冷），经潜液泵注入气化器中，经空温加热气化后进入储罐的底部，提高储罐内 LNG 温度，饱和压力也相应提高。调压提升储罐压力的效果是长期性的（在下一次卸车前），增压提升储罐压力的效果是临时性的，停止增压后，储罐压力会逐渐恢复到与 LNG 温度相应的饱和压力。所以，加气站可根据每天的实际加气量来选择合适的增压方式，如图 4-4 所示。

2）储罐增压操作规程

（1）储罐自增压操作规程：

①选择确认需要增压操作储罐。

②确认开启储罐上进液增压连通阀、储罐增压气化器气相出口

阀、储罐增压器进口液相阀。

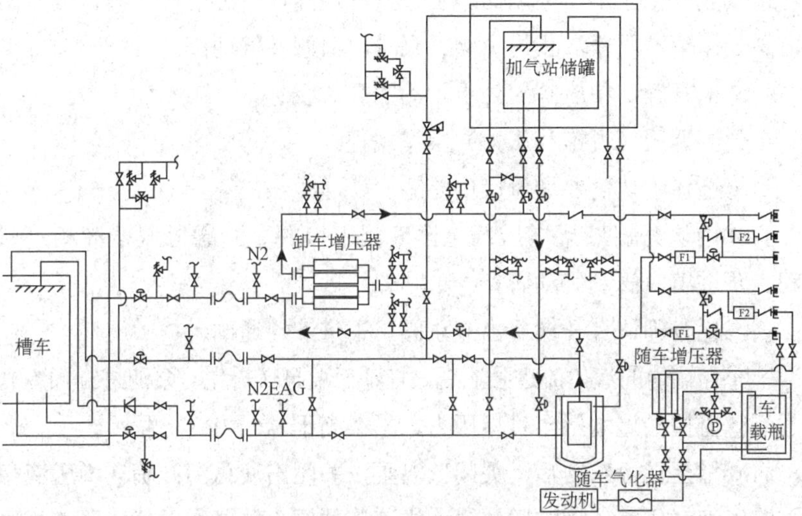

图 4-4　LNG 储罐调压（调饱和压力）工艺

③检查确认打开储罐下进液增压连通阀。

④监控储罐增压至目标压力，不得高于 0.6 MPa。

⑤增至目标压力后，关闭储罐下进液增压连通阀、储罐增压器进口液相阀、储罐增压器出口气相阀，确认增压液相管路残液气化完毕后关闭储罐上进液增压连通阀。

⑥检查确认相应阀门处于正确的开关状态。

（2）泵增压操作规程：

①选择确认需要增压操作储罐。

②确认开启储罐上进液连通阀、储罐增压气化器液相出口阀、储罐增压器液相进口阀、泵进出口阀及气动阀。

③检查确认打开储罐出液总阀。

④储罐内的液体流进泵池后，打开低温泵（需先对泵池进行预冷）。

⑤监控储罐增压至目标压力，不得高于 0.6 MPa。

⑥增至目标压力后，关闭低温泵，关闭出液总阀；确认增压液相管路残液气化完毕后关闭储罐上进液连通阀、储罐增压气化器液相出口阀、储罐增压器液相进口阀、泵进出口阀及气动阀。

⑦检查确认相应阀门处于正确的开关状态。

（3）调压（调饱和压力）操作规程：

①选择确认需要增压操作储罐。

②确认开启储罐增压气化器液相出口阀、储罐增压器液相进口阀、泵进出口阀及气动阀。

③检查确认打开储罐出液总阀、下进液连通阀。

④储罐内的液体流进泵池后，打开低温泵（需先对泵池进行预冷）。

⑤监控储罐增压至目标压力，不得高于 0.6 MPa。

⑥增至目标压力后，关闭低温泵，关闭出液总阀；确认增压液相管路残液气化完毕后关闭储罐上进液连通阀、储罐增压气化器液相出口阀、储罐增压器液相进口阀、泵进出口阀及气动阀。

⑦检查确认相应阀门处于正确的开关状态。

3. LNG 加液工艺及操作规程

1）LNG 加液工艺

LNG 加气站加液工艺主要包括预冷、加液、待机，如图 4-5 所示。

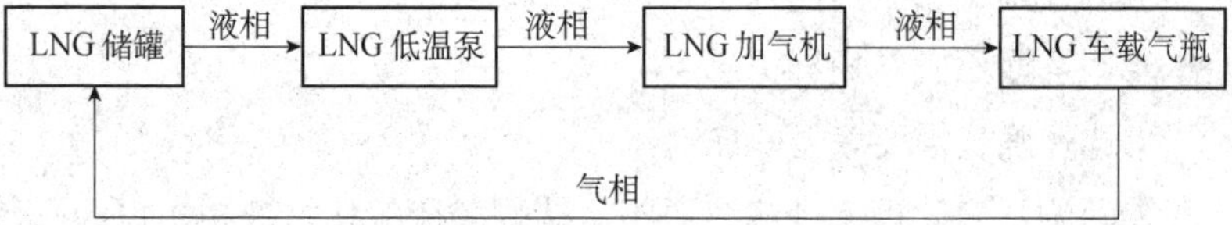

图 4-5　LNG 加气站加液工艺

（1）预冷流程。凭借站内储罐和泵池的压位差，液体从站内储罐进入泵池，完成泵池的预冷。预冷分为大循环预冷和小循环预冷。

①大循环预冷流程。加注机预冷，LNG 液体从加注机进液管道流

向截止阀、液相质量流量计、气动阀 1、液相金属软管、加注枪头、插枪口、单向阀 3，最后经管路回到 LNG 储槽，当加注机内部管路充满液体且液体温度和密度同时达到要求时预冷结束（大循环过程中不考虑增益值变化）。预冷大循环过程中，加注机不计量。如图 4-6 所示。

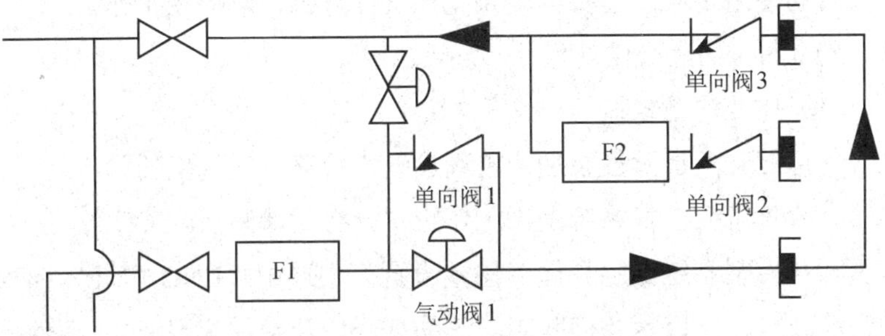

图 4-6　大循环预冷流程

②小循环预冷流程。加注机加液前预冷，如果预冷与加液间隔时间较长，检测到条件不允许加气时，加气机自动开启小循环流程，LNG 液体从加注机进液管道流向截止阀、液相质量流量计、气动阀 2，再经管路回到 LNG 储槽，当加注机内部管路充满液体且液体温度、密度和增益值同时达到要求时小循环预冷结束，并立即换阀，同时启动计费系统进入加注状态。小循环预冷过程中 3 个参数必须同时满足要求加注机才启动加液，如图 4-7 所示。

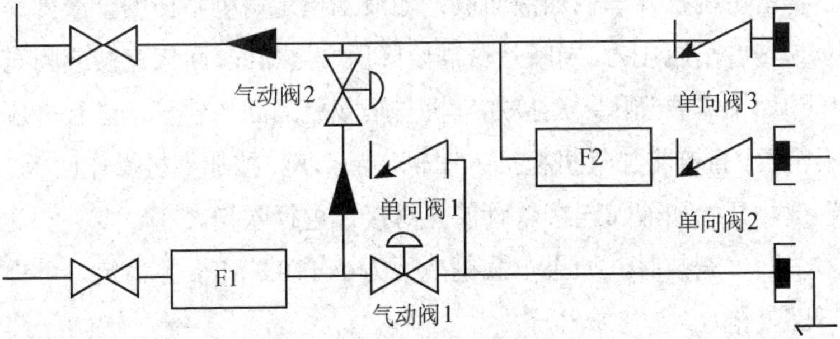

图 4-7　小循环预冷流程

（2）加气过程。加气机预冷完成后，便可以对汽车进行加气，按下加气机面板上的“加气”键，自动完成对汽车的加气。

（3）待机过程。泵启动后，在没有加气机加气和预冷信号时，泵低速运行，液体在管道内循环，保持管道的温度，减少泵的启停次数，延长泵的使用寿命。在持续较长无加气信号时，泵停止工作。

2）LNG 加液操作规程

（1）作业前准备：

①运行工负责潜液泵加液过程加气机管路和加气机的预冷。

②检查压缩空气系统是否工作正常，有无泄漏点。

③从控制系统电脑界面“参数设置”中选中“LNG 加气”，潜液泵进液回气，出口紧急切断阀，气动打开。开始预冷潜液泵，潜液泵预冷温度设置为−115℃。

④潜液泵预冷完成后，按下加气机操作面板上“预冷”键。预冷加液真空管路和加气机。加气机预冷温度设置为−115℃。

（2）加液操作流程：

①指挥车辆停放在指定位置，要求司机熄火，拉起手刹，拔下车钥匙，关闭总电源。

②将两块三角木塞入车轮下，防止车辆滑动。

③连接静电接地。

④由司机打开车辆加液面板，加液工指定司机站在安全线外。

⑤查看车瓶压力，判断是否需要降压（0.8 MPa，回气充装或闷充）。

⑥如果需要降压，连接加气机与车载瓶的回气软管，进行降压；如不需要，直接将加气机枪插入车辆加液卡座，按加气机操作面板“确定”键，开始加液（连接软管前先对接口进行吹扫）。

⑦回气充装时，如果车载钢瓶压力小于 0.8 MPa 并稳定，可提前拆下回气枪。

⑧加液过程中要严密监视显示盘数据和车载钢瓶及加气机压力

的变化，防止出现超量充装和加液不走字等现象。同时，要检查加液枪与加液卡座有无泄漏，如发现异常立即处理。

（3）安全注意事项和应急措施：

①操作时，操作人员必须戴防护手套，穿防护服、防护鞋，戴面罩等，预防冻伤或窒息（少露易脱）。

②任何人不得在加液区域接打手机。

③车辆进入加液区域应关闭引擎，停车、熄火，并拉好手刹。

④发现钢瓶超过检验期限，瓶体有明显缺陷，漏气、严重腐蚀等情况，一律不允许加气（认真对待）。

⑤严禁加气软管及回气软管相互交叉和缠绕在设备上。

⑥加气过程中发生气体严重泄漏时，加气员应立即关闭车辆瓶阀，同时按下现场紧急关闭按钮，把气体泄漏量控制在最小范围内。

⑦加气过程中，加气机计量出现故障，加气站及周围出现不能保障加气站安全和正常工作的事件时，应停止加气。

⑧加气作业中，严禁将加气枪及回气枪交给顾客操作，禁止一人同时操作两把加气枪，不得擅自离开正在加气的车辆。

⑨加气站内加气车辆之间的间距应符合紧急疏散的条件。

⑩有强对流天气或加气站内紧急事故时严禁加液。

⑪如果操作人员的皮肤和眼睛不慎接触到 LNG 液体和气体，应将与 LNG 接触的部位浸泡在温水中（41～46℃）（绝对不能使用温度很高的热水）。请医生迅速检查冻伤的部位是否起泡或深度冻伤。

⑫如果手动加气，车载瓶回气用的放空阀打开时间过长，则有可能使汽车车用瓶液位超高，甚至导致放空口排出 LNG。

4. LNG 加气站安全放散工艺

天然气为易燃易爆物质，在温度低于−107℃时，天然气密度重于空气，一旦泄漏将在地面聚集，不易挥发；而常温时，天然气密度远小于空气密度，容易扩散。根据其特性，按照相关规范要求必须进行安全排放，设计采用集中排放的方式。安全放散工艺系统由安全阀门、爆破片、EAG 加热器、放散塔组成。

设置 EAG 加热器，对要放散的低温天然气进行集中加热后，经阻火器通过放散塔高点排放，EAG 加热器采用 500 Nm^3/h 空气加热器。常温放散的天然气直接进入阻火器后排入放散塔。阻火器内装耐高温陶瓷环，安装在放空总管路上。

为了提高 LNG 储槽的安全性能，采用降压装置、压力报警手动放空、安全阀（并安装爆破片）起跳三层保护措施。LNG 加气站储罐内容器设计压力不低于 1.30 MPa、工作压力 1.08 MPa、放散压力 1.20 MPa。

缓冲罐上设置安全阀及爆破片，安全阀设定压力为储罐设定压力。

在一些可能会形成密闭空间的管道上，设置手动放空加安全阀的双重措施。

第二节　LNG 加气站主要设备的操作及管理维护

1. LNG 储罐

1）LNG 储罐介绍

LNG 加气站中的储液设施主要就是储罐，当前 LNG 加气站所采用的储罐一般为双金属罐，即内罐与外罐皆为金属材质（$0Cr_{18}Ni_9$、$06Cr_{19}Ni_{10}$ 奥氏体不锈钢与 16MnR-Q345R），根据其安装形式一般分为卧式 LNG 储罐与立式 LNG 储罐，如图 4-8 所示。

（a）卧式　　（b）立式

图 4-8　LNG 储罐现场

卧式一般安装方便，卸车方便，但是占地面积大，而且一般泵前压力较低，容易造成气蚀，通常需要调饱和（其实就是改变液体温度从而提升内部压力），同时也不易用光，且观感安全，加气站一般采用这种安装形式。

立式一般安装不便，卸车压力要求高且不易卸干净，但是正是因为液位高所以一般能够满足泵前压力要求，加气站一般较少采用。

2）LNG 储罐的工艺及附件

储罐内罐上的接管口有上进液口、下进液口、出液口、气相口、测满口、上液位计口、下液位计口共 7 个接管口。为便于定期测量真空度和抽真空度，在外罐下封头上开设有抽真空口。为防止真空失效和内罐介质漏入外罐，在外罐上封头设置防爆装置。

LNG 储罐如图 4-9、图 4-10 所示，安全附件主要包括低温安全阀、低温紧急切断阀、压力表、液位计、防爆装置、真空规管与抽真空装置等。

3）LNG 储存问题

由于 LNG 是低温深冷储存，所以它的泄漏与一般液化烃有所不同。LNG 一旦从储罐或管道中泄漏，一小部分急剧气化成蒸气，剩下

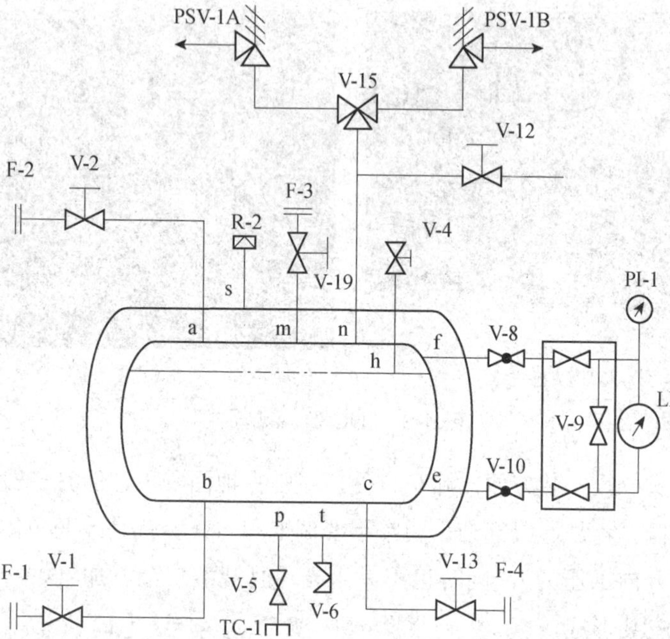

V-1—底部充装阀；V-2—顶部充装阀；V-4—溢流阀；V-5—真空规管阀；V-6—抽真空阀；V-8—气相仪表阀；V-9—平衡阀；V-10—液相仪表阀；V-12—手动放散阀；V-13—产品使用阀；V-15—切换阀；V-19—泵回气阀；LI-1—液位计；PI-1—压力表；R-2—外壳泄放装置；TC-1—真空规管；PSV-1A—安全阀；PSV-1B—安全阀；F-1—底部充装法兰；F-2—顶部充装法兰；F-3—泵回气法兰；F-4—提液法兰。

首位符号：F—流量；L—液位；P—压力；T—温度；R—记录后继符号：I—指示；T—变送。

图 4-9　LNG 储罐工艺

图 4-10　LNG 储罐现场

的泄漏到地面，沸腾气化后与周围的空气混合成冷蒸气雾，在空气中冷凝形成白烟，再稀释受热后与空气形成爆炸性混合物。

LNG 在储存和运行中存在以下几个问题：低温的危险性、超压的危险性、着火的危险性、分层与翻滚的危险性。

（1）低温的危险性。

LNG 具有低温性，直接接触泄漏的 LNG 时，皮肤表面的潮气会凝结，使皮肤粘在低温物体表面上。如果皮肤及皮下组织冻结，很容易撕裂，并留下伤口。焊缝、阀门、法兰和与储罐壁连接管路等，是 LNG 容易发生泄漏的地方。

为防止冻伤，应采取如下措施：

①在与低温液体或蒸汽相接触或接触过体温液体、蒸气的物体时，都应戴上无吸收性的手套（PVC 或皮革制成）。

②手套应宽松，如发生液体溅到手套上或渗入手套里面时，更容易将手套脱下。

③如有可能发生激烈的喷射或飞溅，使用面罩或护目镜保护眼睛。

④若手与手套粘住，可用加热的方法使皮肉解冻，然后再揭开。这时候如硬将皮肤从低温表面撕开，就会将这部分皮肤撕裂，所以当戴湿手套工作时应特别注意。

⑤在容易发生 LNG 泄漏的地方设置挡板。

（2）超压的危险性。

LNG 送入真空绝热储罐后，外界传入的能量仍能引起 LNG 蒸发为 BOG，通过 BOG 管路和 BOG 加热器回收进入管网。BOG 将引起储罐压力上升，严重者导致储罐破裂。BOG 在液相管路上也会产生。

为此，LNG 储罐应该有一个极低的日蒸发率，一般每天不超过 0.3%。

（3）分层与翻滚的危险性。

由于天然气组分和液化深冷的程度不同，不同产地的 LNG 的密度和温度有所差别。当它们在同一储罐储存时会发生分层。原有 LNG 与新充入 LNG 产生密度差的主要原因概括为：

①LNG 组分因产地不同而异。

②原有 LNG 与新充入 LNG 的温度不同。

③原有 LNG 由于老化其组分发生变化。

当外界热量传入罐内时，两个液相层引发传质和传热并相互混合，液层表面也开始蒸发，下层由于吸收了上层的热量，而处于“过热”状态。当两液相层密度接近时，可在短时间内产生大量气体，使罐内压力急剧上升，这就是翻滚现象。LNG 大量蒸发导致储罐压力迅速升高而超过设计压力，如果不能及时放散卸压，将严重危及储罐的安全。

为此，可采取以下措施进行预防：

不同产地、不同气源的 LNG 分开储存，这样可避免因密度差而引起 LNG 分层。

降低储罐剩余 LNG 高度，避免出现较大的高峰蒸发速率。

选择合适的充注方式，避免大量重质液体位于底部。

LNG 混装后应立即使用，一般宜在 72 h 以内。

监测灌入储罐气相空间压力，及时排放 BOG 及更换充注方式。

LNG 混装罐液位不宜过高。

对长期储存的 LNG，采取定期倒罐的方式防止其因静止而分层。

2. LNG 槽车

LNG 槽车作为 LNG 陆地运输的最主要工具，因其具有很强的灵活性和经济性，已得到了广泛应用。我国使用的液化天然气槽车主要有两种形式：LNG 半挂式运输槽车和 LNG 集装箱式罐车。

1）槽车防超压附件

槽车设置有安全阀、爆破片等超压卸放装置。车上设两套安全阀，即双路安全系统。

（1）安全阀。

①罐体后部设置有操作室，罐体设置有多重安全装置和仪表，配置有压力表液位计组，夹层设有外筒防爆装置，内筒设有组合安全系统（双安全阀组合系统）。

②安全阀的标定开启压力为0.75 MPa。当充液过量（大于92%充装率）或连续长时间在高温下停放等情况使罐体压力超过工作压力时，应先启动一个安全阀，此时罐体下降安全阀会自动回座，但为了考虑安全性、经济性，避免自动回座时有霜冻卡住等原因，可用三通切换阀关闭正在工作的安全阀，强行使其回座，并使另一组安全阀处于待工作状态。安全阀和放气阀的排放口采用集中回收管道通过阻火器进行排放。

③安全阀参数可以参考表4-1。

表4-1　LNG槽车安全阀参数

安全阀	压力
容器安全阀的起跳压力	≤0.78 MPa
回座压力	0.75 MPa
通径	DN25
管路安全阀的起跳压力	≤0.81 MPa
回座压力	0.77 MPa
通径	DN10

（2）紧急切断阀。

槽车对底部进液管路、增压管路及装卸用气相管路设置了三重保护（根部为紧急切断阀，第二个为截止阀，第三个为盲法兰）。

①气液相出口设置紧急切断阀。该阀一般为气动的球阀或截止阀，通气开启，放气截止。阀上的气缸设置易熔塞，当外界起火燃烧温度达到70℃时，易熔塞熔化，阀门放气，截止阀将LNG与外界隔离。

②紧急切断阀的气缸操作压力为0.4～0.74 MPa。

③易熔塞熔化温度为70℃±5℃。

④气动紧急切断阀在无气压情况下，阀瓣处于常闭状态，当气泵把压力气输入本阀气缸时，阀瓣开启，当需要关闭阀门或遇有紧急情况时，将压力泄掉即自动关闭。而在槽车发生火灾时，紧急切断阀周围温度迅速上升，在上升到一定程度时，易熔塞内部特殊合金熔化泄压，阀门切断。

⑤特殊合金为伍德合金，是灰白色有光泽的金属，熔点很低，熔点为71℃。

2）LNG槽车的管理维护

（1）一般规定。

①槽车的使用单位应根据《液化气体汽车罐车安全监察规程》（劳部发〔1994〕262号）及省部级技监、公安、交通部门的有关规定，结合本单位的具体情况，制定相关的安全操作规程和管理制度，并对操作、运输和管理等有关人员进行安全技术教育。

②槽车的驾驶员和押运员必须熟悉介质的物理、化学性质和安全防护措施，了解装卸的有关要求，具备处理故障和异常情况的能力。驾驶员和押运员必须经培训、考核合格，取得省级技监部门颁发的汽车槽车准驾证及汽车槽车押运员证，使用单位应为驾驶员、押运员配备专用的防护用品、工作服装、专用维修工具和必要的备品、备件等。

③使用单位应认真贯彻执行汽车槽车日常检查和维护保养，经常检查安全附件（如安全阀、压力表、液位计、增压器、紧急切断阀、

连接接头、管道阀门、导静电装置等）性能，有关泄漏、损伤等，并按牵引车日常检修和保养要求对牵引车及其行走机构进行检查和维护，及时排除故障，保证性能完好。

④新车第一次加装低温液体后，应仔细检查罐体与底盘大梁连接件的连接螺母是否松动，在使用中也应经常检查，发现螺母松动应及时拧紧。

⑤罐体上的两个压力表都应处于正常工作状态，如有一个失灵，应立即更换。

⑥罐体上的两个安全阀也都应处于正常工作状态，如有一个失灵，通过三通切换阀关闭后即可更换。

⑦压力表每半年至少校验一次，安全阀每年至少校验一次。

⑧罐体真空绝热层的真空度每年检查一次。

⑨所有的检查、修理或更换零件，其内容和结果都应有规范化的记录，并作为档案保存。

⑩罐体的检查修理由生产厂家进行。阀门、仪表可由使用单位的专业人员进行修理。

⑪罐体的外容器上如有大面积的结霜或日蒸发率异常增大时，应及时通知生产厂家进行检查或修理。

（2）槽车的行驶及停放。

①出车必须携带下列文件和资料：压力容器使用证、危险品运输证、机动车驾驶执照和汽车槽车准驾证、押运员证、营运证、汽车槽车定期检验报告复印件、运行检查记录本、汽车槽车装卸记录本。

②充装前应进行检查，如发现存在下列情况之一，不得充装。

a. 汽车槽车使用证或准运证已超过有效期；

b. 未按规定进行定期检验；

c. 防护用具、专用检修工具或备品、备件未随车携带；

d. 随车必带文件和资料不齐或与实物不符；

e. 罐内余压低于 0.1 MPa；

f. 底盘、罐体（含管路阀门和安全附件等）有异常。

警告：槽车启运前，必须将气、液相接口及增压器液相接口用装卸盲板密封，以防运输途中的意外泄漏。

③严格遵守国家交通管理法规的规定，并按规定的速度行驶，不得超速运行。车辆必须将排气管前置，并装有阻火器。汽车进入装卸液场地，应关闭汽车发动机，检查制动装置，接好接地装置，确认附近无明火后，方可装卸。

④汽车运输时，应匀速行驶，避免紧急制动，并防止受到外来冲撞和事故。严格注意与前车保持足够的安全距离，并严禁违章超车，必须按规定路线行驶。

⑤押运员必须随车押运，并不得携带其他危险品，也严禁其他人员搭乘，车上严禁吸烟。

⑥司押人员在槽车的行驶过程中，应经常检查容器内的压力，发现异常情况及时妥善处理。当压力表读数接近安全阀排放值时，应将车开到人烟稀少、空旷处，打开放空阀，进行排气卸压。卸压时，必须注意冷态气体形成的白雾不能影响车辆或人的安全。

⑦如行驶途中发生故障，应及时检修，但如需要较长的时间或故障程度有可能危及安全时，应立即将槽车转移到安全场地，并联系专业人员进行检修。

⑧槽车的停放也应严格遵守国家交通管理法规的规定，途中停车时，驾驶员和押运员不得同时离开车辆，并应停放在安全地带。

⑨通过隧道、涵洞、立交桥等必须注意标高并减速行驶。

⑩带液行驶中应避开闹市区和人口稠密区。必须通过时，应限速行驶，且不得停靠在机关、学校、厂矿、仓库和人口稠密处。

⑪停车位置应通风良好，不得在烈日下长时间暴晒。

⑫槽车如长时间不用，应将罐内的液体放掉并保持余压。

注意：槽车的停放必须注意停放场所的环境安全度，应避免其他车辆的碰撞或高空落物的砸损。

警告：在向空气泄放LNG液体时，请在事先确定附近确实无明火、易燃物以及无行人通过后进行。

（3）LNG的运输。

①车辆行驶必须遵循限速规定，严禁剧烈振动，不得进入人口稠密区。

②车辆停放必须遵守安全停放规定，防止出现不必要的事故。

③槽车严禁靠近热源，附近30 m内严禁明火。

④途中进行压力排放时应选择空旷地，确无火源、车辆行人稀少的路段。

⑤严禁敲打或用火烤冻结部位，正确加热方法应为热空气加热解冻。

⑥操作人员必须穿戴好劳动保护用品。

⑦车辆必须配备随车灭火器，以备急用。

3. 空温式LNG气化器

空温式LNG气化器利用大气环境作为热源，通过性能良好的LF21 AL-Mn系合金星形管进行热交换，使各种低温液体气化成一定温度的气体。

空温式气化器主要由星形翅片导热管、液气导流管、支架、底座、进出口接口等部件组成。星形翅片导热管有八翅对称，材料选用LF21防锈铝合金，坚固耐用、耐腐蚀、耐风化、气化效果好。液气导流管材料选用T2M紫铜管，耐高压、耐冲击。底座、支架材料选用角形LF21防锈铝合金，坚固耐用、耐腐蚀。

空温式气化器是LNG供应站向城市用户供气的主要气化设施。

LNG 气化器的气化能力按用气城市高峰小时流量计算的 1.3～1.5 倍确定。常用的单台 LNG 气化器的气化能力为 1 500～2 000 Nm^3/h；2～4 台为一组，设计上配置 2～4 组，相互切换使用。当一组使用时间过长，LNG 气化器结霜严重（气化器超过一半结霜），导致 LNG 气化器气化效率降低，出口温度达不到要求时，人工（或自动或定时）切换到另一组，本组进行自然气化备用。设计压力为 1～25 MPa，工作压力为 0.6～24 MPa；设计温度−196℃，进口温度−145～163℃，出口温度大于等于环境温度−5℃（不得低于环境温度 5℃），安装方式应为立式，如图 4-11 所示。

图 4-11　LNG 气化器

LNG 气化器的管理维护：

（1）空温式气化器安装场所必须有良好的通风条件，远离高压源、油脂火源地，保持地面清洁干净。

（2）安装场所必须有安全出口，周围设有安全标志。

（3）安装场所应自备灭火消防器材。

（4）空温式气化器一般安装在室外，必须设有导除静电的接地装置及防雷击装置。

（5）空温式气化器的环境温度为−20～50℃，南方一般用 200 m^3/h，北方一般用 400 m^3/h。

（6）定期检查气化器地基是否下沉。

（7）定期检查气化器法兰连接处是否有漏气、螺栓是否松动。

（8）定期检查气化器翅片是否变形。

（9）定期检查气化器焊接口是否有漏气。

（10）定期检查气化器连接低温管道保温层有无结霜漏冷现象。

4. LNG 潜液泵

1）LNG 潜液泵介绍

LNG 潜液泵主要包括电动机、主轴、轴承、叶轮、导流器等，为低温液体提供动力，实现 LNG 的充装、卸车和输送。

LNG 潜液泵是安装在泵池内使用的，而泵池是一个隔热体，泵池顶部主要有动力电缆、放散口、传感系统等。

LNG 潜液泵泵体和电机完全浸没在介质中，保证了泵的快速启动；真空绝热夹套使冷损降至极低，创造了良好的工作条件；无密封及浸润型设计使维护要求降至最低；直立型的设计使泵运转得更稳定，运转寿命更长；可变频调速的电机扩展了泵的工作范围。如图 4-12 所示。

（a）潜液泵

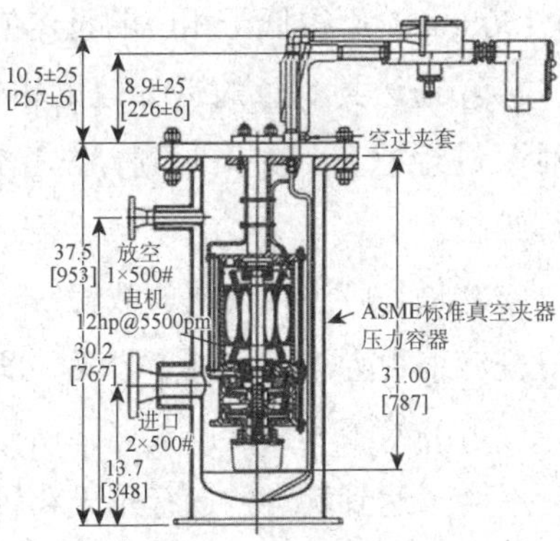

（b）LNG 潜液泵工艺

图 4-12　LNG 潜液泵

2）LNG 潜液泵的管理维护

（1）使用注意事项：

①LNG 泵撬上每段真空管和泵池等部件上有一个抽真空嘴，严禁打开该真空嘴，否则真空会全部失效。

②LNG 泵撬部分元件只有少数工况下才接触 LNG 液体，所以工作有可能发生泄漏，泵撬工作时应注意巡查巡检。

③置换泵体和管路系统，确保系统内无水气和其他异物。

④必须完全预冷开车，否则密封接触面没有形成润滑液膜，机械密封在短时间内可能磨坏而影响泵的可靠运行。

⑤在使用潜液泵进行卸车或者为 LNG 车辆加液时必须使泵预冷充分，即出入口温差大于 90℃时，首先缓慢打开进口阀和（出口）回流阀，预冷至少 15 min，观察回气测点温度，确定预冷达到要求。

⑥潜液泵应在系统控制下，联锁控制应在正常情况下启动。

⑦潜液泵工作时必须保证其进口压力不得小于最低净正入口压头的要求，净正入口压头是指液体实际压力与液体的饱和蒸气压的差值，因此，储罐内必须保留有足够量的 LNG 液体，即最低液位（约 1 150 mm）不得低于相应的设定值。

⑧为达到满意的运行效果和较长的使用寿命，在运行时应随时对泵进行检查，如果听到异常噪声或震动，则及时通知相关人员进行维护。

⑨每月应进行一次放散管残液排放操作，雷雨天气时禁止操作，夏季应缩短为 15 d 一次，雨后立即进行排放操作。

（2）检查和维护：

为了达到满意的运行结果和较长的使用寿命，建议对泵按推荐的方法进行检查和维护。

①任何时候听有无异常噪声。

②每周检查所有外部螺栓和螺钉有无松动。

③每 4 000 h 检查轴承的磨损情况，必要时更换；检查电缆，包括接线盒内部的老化、绝缘的磨损或损坏情况；检查连接是否松动等；检查润滑流体的自由流动。

④每 8 000 h 拆卸泵体并检查所有部件的磨损情况；同时执行每 4 000 h 的检查内容；更换轴承。

5. LNG 加气机

1）LNG 加气机介绍

LNG 加气机是用于汽车加气站贸易结算的加气设备，其工作主要靠内置芯片控制完成，质量流量计是加气机计量核心部件，一般内置温度传感器以实现温度补偿，使加气机精确计量，电气部分采用防爆结构以适应加气站的（爆炸性）环境，确保加气机安全可靠。

LNG 加气机一般具有非定量加气和预置定量加气功能，且非定量加气时以流速或压力参数控制自动停泵；加气软管应设有拉断保护装置，拉断现象出现时系统转入保护状态，无低温液体和气体流出。

（1）加气机的内置控制系统主要功能：

①在加液过程中完成对管路、流量计中的残存气体的排空和预冷控制。

②发出对低温泵的启停控制信号。

③完成对加气量和回气量的准确计量、显示、结算，完成对各种运行参数的采集、显示、控制。

④对加液量、计量方式等的设定及与站控系统的通信等。

（2）加气机的结构。加气机由机壳、电脑控制器、压力传感器、防爆接线盒、入口截止阀、安全阀、质量流量计、电磁阀、单向阀、真空软管、加液枪座、加液枪头及无缝不锈钢管和不锈钢接头等部件组成，如图 4-13 所示。

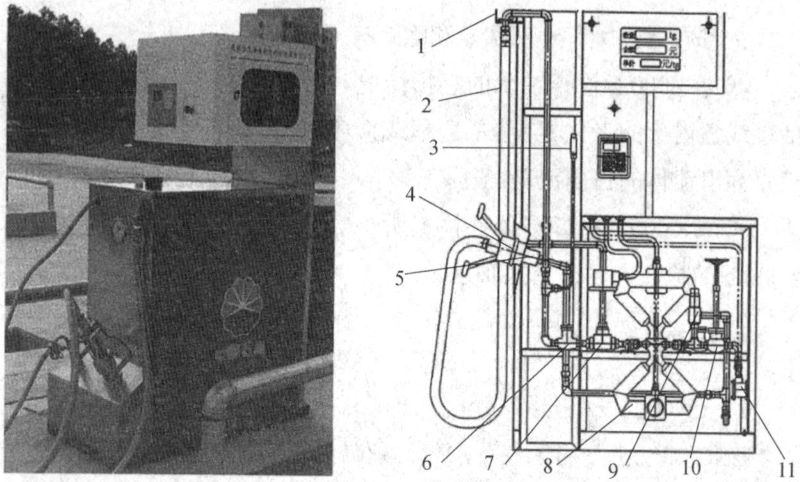

1—壳体；2—真空软管；3—压力传感器；4—加液枪头；5—加液枪座；6—单向阀；7—电磁阀；8—质量流量计；9—安全阀；10—截止阀；11—接线盒。

图 4-13 LNG 加气机结构

（3）LNG 加气机工作原理：

LNG 经过输送管道进入加气机，依次流经入口截止阀、安全阀、质量流量计、电磁阀、单向阀、真空软管、加液枪头，最后流入被充液汽车的真空瓶。质量流量计测出流经加气机气体的密度、质量等参数的物理信号由信号转换器转换成电脉冲信号传送到电脑控制器，电脑经自动计算得出相应的体积（质量）、金额并由显示屏显示给用户，从而完成一次加液计量过程，如图 4-14 所示。

2）LNG 加气机管理维护

（1）LNG 加气机日常维护。

①保持加气机的清洁，对各部件上聚集的灰尘、污垢等应及时清理。

②定期使用检漏仪检查液化天然气管路及加气机管路系统，如图 4-15 所示，如有泄漏，应及时请专业人员维修。

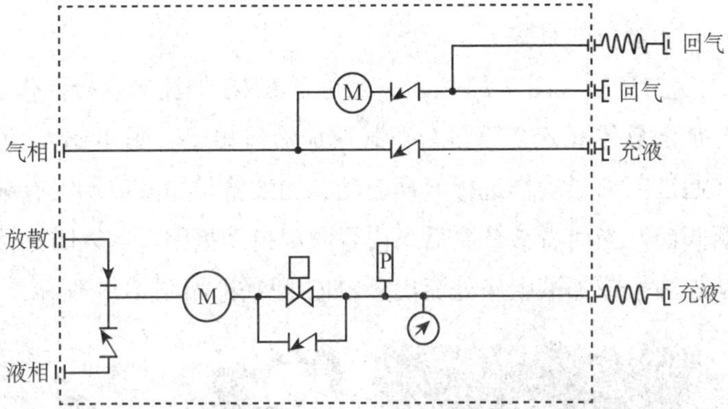

图 4-14　加气机原理

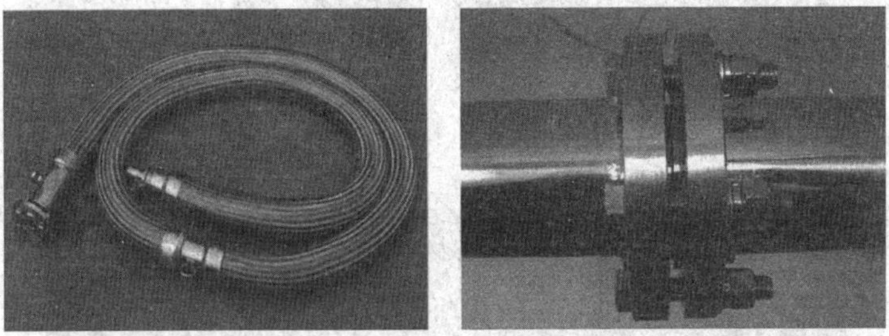

图 4-15　LNG 金属软管及法兰接口

③加气机的真空管路、加液枪应注意保护、定期检查，如有损坏应及时维修、更换，如图 4-16 所示。

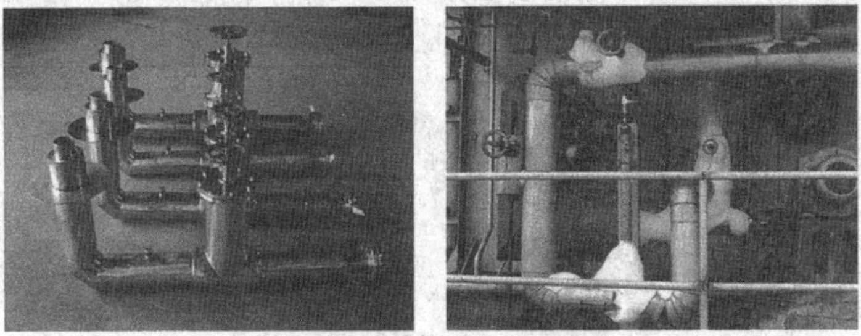

图 4-16　LNG 真空管路

④电脑系统及各防爆电气部件非加气站电工人员严禁拆卸。

（2）加液枪的维护。

LNG 加液枪（图 4-17 所示）是进行 LNG 加注的直接操作工具。上游与加液软管相连，下游与车载瓶加液口相连（图 4-18），可自由移动，通过剪刀形操作进行双柄驱动。加液枪与加液口均设有独立自动切断阀门，当两者被分离后，内置阀门自动关闭，可以防止液化天然气从加液枪或加液卡座处流出。LNG 回气枪如图 4-19 所示。

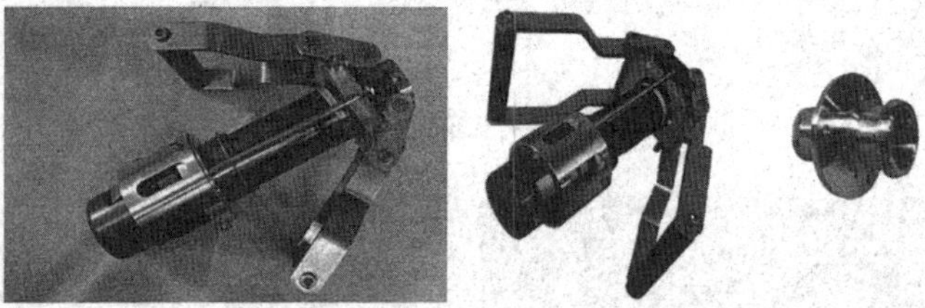

图 4-17　LNG 加液枪

图 4-18　LNG 加液口

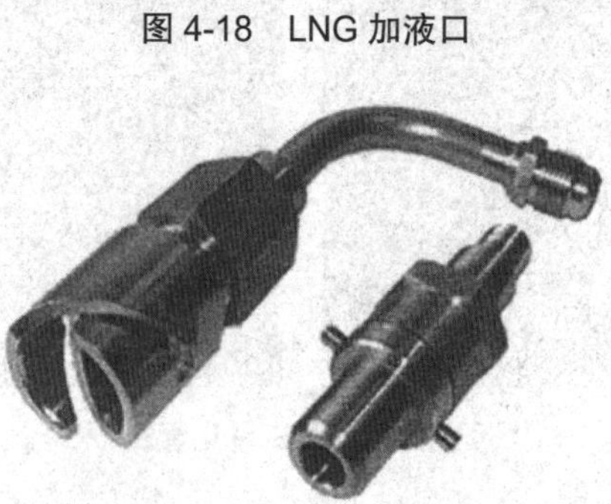

图 4-19　LNG 回气枪

因操作频繁，加液枪容易出现问题，需要进行维护和检修。需要注意的是，所有带气或带液的拆装或维修工作，第一步要做的工作一定是放空。

①日常维护：

每天开始使用时，检查加液枪以确保没有压力。用干净、干燥的布擦拭加液枪和加液枪座接触处，避免灰尘及异物损伤密封圈；每天开始使用时，检查加液枪外观有无异常以及插销、拉杆是否有脱落、变形。

每天开始使用时，检查加液枪内、外密封圈是否损坏。

定期对加液枪进行系统检查和维护，移除并更换加液枪外密封圈铜垫、外密封圈和卡簧。

②密封圈更换：

停止加气机运行后，待加液枪头解冻（可用氮气或压缩空气加快解冻速度），用外卡簧钳将加液枪头卡簧拆下，再将挡圈取下，即可更换密封圈，更换时注意操作避免对密封圈造成损伤。

第三节　LNG 加气站常见问题及处理方法

1. LNG 储罐外壁冒汗结霜处理

（1）故障现象：LNG 储罐外壁冒汗结霜。

（2）可能出现的危险：储罐压力突然升高，引起安全阀起跳喷液、阀门泄漏，甚至引起罐体爆裂、液体大量外泄、爆炸、火灾等，造成重大人身伤害、财产损失。

（3）处理方法：

①隔热层及罐体缺陷。冒汗结霜较轻微，储罐压力升高不快（不

大于 0.05 MPa/h)，应更换问题储罐。在此期间，要严密观察储罐情况，如问题严重应立即启动倒灌作业，处理完毕，关闭问题储罐进出液阀门。确认正常后，立即向上级领导汇报并与厂家联系，等待处理。

②真空度破坏。冒汗结霜严重并不断有水从罐体流下，储罐压力急速升高时，应立即启动倒灌作业，如压力不能有效控制，可同时打开 BOG 系统、EAG 系统，紧急降压。处理完毕，关闭问题储罐进出液阀门，向上级领导汇报并与厂家联系，等待处理。

2. LNG 储罐压力过高处理

（1）故障现象：LNG 储罐压力迅速升高。

（2）可能出现的危险：安全阀起跳喷液、阀门泄漏，造成人身伤害、财产损失等。

（3）处理方法：

①卸车时槽车增压过高。立即关闭自增压液相阀门并给储罐降压，待压力稳定后，缓慢打开自增压液相阀，卸车过程中让压力稳定在 0.6～0.7 MPa。

②储罐内的 LNG 比重不统一或放置时间过长，造成罐内沸腾。如在卸车过程中，应立即停止卸车并给储罐降压，待稳定后采用正确的卸液方法（如有其他可卸液储罐应尽量让不同比重的 LNG 卸入不同的储罐），并且关闭正在出液的阀门，用沸腾储罐供液，降低其罐容。

③储罐升压、降压调节阀问题（储罐压力过高或过低）。如正在增压，应关闭自增压液相阀。升压过高时，用降压调节阀旁通给储罐降压。然后，仔细排查，根据具体情况（外漏、不过气、一直过气等），检修升压或降压调节阀。

④储罐真空度不合格或保温材料问题，保温性能下降。首先打开 BOG 旁通给储罐降压，然后采用问题储罐供液；如压力升高过快

立即启动倒灌作业，甚至打开 EAG 系统降压（紧急情况时），储罐内的 LNG 出完后，关闭进、出液阀门。确认正常后，立即向有关领导汇报并与厂家联系，等待处理。

⑤压力表问题。应更换压力表，将问题压力表维修后重新校验或直接报废。

3. 空温式气化器问题处理

（1）故障现象：法兰泄漏、气化器本体缺陷。

（2）可能出现的危险：可能造成人员灼伤、火灾，影响正常供气。

（3）处理方法：

法兰泄漏。关闭上下端阀门，放散，恢复常温后紧固处理，如不能修复则更换垫片。

本体缺陷泄漏。

①应关闭上下端阀门，放散，及时上报并通知厂家，等待处理。

②做好置换、监护方案，并经相关人员讨论通过。

③填写动火申请书，办理动火申请。

④厂家或其他专业施工人员到达现场后，应积极配合察看现场、介绍情况。

⑤施工人员做好施工方案，方案经相关人员讨论通过后，方可用于施工。

⑥动火前必须办好动火证，施工前应对气化器、管道进行彻底置换，并用氮气保护，施工时严格遵守置换、监护及施工方案。

⑦施工结束，经检查确认合格后，施工人员、监护人员、设备才可撤离现场。

4. 紧急切断系统问题处理

（1）故障现象。紧急切断阀开启不完全、紧急切断阀自动关闭、紧急切断阀现场状态与自动控制信号不符、紧急切断阀不能接收信号。

（2）可能出现的危险。造成不能远程控制、管道超压甚至爆裂，从而引起财产损失、火灾、人身伤亡等。

（3）处理方法。

①紧急切断阀开启不完全：

a. 检查气压是否正常，如压力偏低，应检查、维修空压机系统（或更换氮气瓶），保证有充足的气压支持；

b. 检查阀杆，若有灰尘、锈蚀等，须擦拭干净并涂少量润滑油，使阀杆运动灵活；

c. 紧急切断阀气缸内如有异物或锈蚀，活塞杆运动不灵活，须拆开清理并加润滑油；

d. 检查气动阀行程，如行程过小，应将其调大到气动阀全开状态。

②紧急切断阀自动关闭：

a. 应立即打开手动阀，避免管道超压；

b. 检查气压是否正常，如压力偏低，应检查、维修空压机系统（或更换氮气瓶），保证有充足的气压支持；

c. 检查电路是否正常，如电路异常，用的是应急电源，可能因为电压过低使电磁阀关闭；如电路正常，可能是电磁阀故障。查出原因后马上修复或更换。

③紧急切断阀现场状态与自动控制信号不符：

a. 检查气动阀感应开关，首先上下调整开关位置，使其位置最佳；

b. 调整无效后，应拆下感应开关晾晒，然后重新安装；

c. 如仍不能恢复，应更换新感应开关。

④紧急切断阀不能接收信号：

可能是信号系统出现问题，应通知电工查找原因，如不能自行解决，立即上报并与厂家联系，等待解决。

5. 安全阀问题处理

（1）故障现象：超压不起跳、不到设定压力就起跳、超压起跳后不能回位或不能及时回位。

（2）可能出现的危险：不能对安全运行起到应有的保护作用，容易造成较大的安全事故。

（3）处理方法：

①超压不起跳。立即手动降压，查明超压原因，排除超压隐患。关闭安全阀下端直通阀，放散后拆下安全阀，送相关部门重新校验，合格后才能安装使用。

②不到设定压力就起跳。关闭安全阀下端直通阀，放散后拆下安全阀，送相关部门重新校验，合格后才能安装使用。

③超压起跳后不能回位或不能及时回位。查明超压原因，排除超压隐患。关闭安全阀下端直通阀，固定安全阀下端及周围的管道，用粗木棒轻轻均匀地敲击安全阀，帮助其回位。如仍不能回位，应关闭安全阀下端直通阀，放散后拆下，送相关部门重新校验，合格后才能安装使用。

6. 潜液泵故障处理

（1）故障现象：泵无法启动或液体无法到达、不能按额定功率和压力输送 LNG、泵体振动等。

（2）可能出现的危险：影响正常加液。

（3）处理方法：

①造成泵无法启动或液体无法到达的可能原因是转向错误或进口静压头不足。

解决方案：检查转向，提高储罐气相区压力。

②不能按额定功率和压力输送 LNG 的可能原因是管路压力损耗过大。

解决方案：需要检查管路压力情况，是否密封完好。

③叶轮或涡壳通道阻塞。

解决方案：需要专业人员拆卸检查清洗。

④耐磨环磨损或叶轮件损坏。

解决方案：需要专业人员进行更换处理。

⑤泵体振动。

解决方案：如果是轴承磨损或回转件损坏导致的振动，需要专业人员进行更换；如果是泵在最小流量下运行导致的振动，则要增加流量；如果是轴承过紧或过载，则要专业人员拆卸并维修；如果是不正当的预冷，则要充分正确地预冷；如果是系统中有外来介质，则需要专业人员清洗储槽、管路和泵内杂物。

第五章

液化压缩天然气加气站

液化压缩天然气（L-CNG）加气站本质上是LNG加气站与CNG加气站的合建站，既能为LNG汽车加气，也可以为CNG汽车加气，只是CNG的气源是通过LNG气化提供的，如图5-1所示。

图5-1　L-CNG加气站

1. L-CNG加气站的组成

L-CNG加气站主要由LNG储罐、L-CNG泵撬（含柱塞泵）、L-CNG气化撬（含水浴式电加热器、高压EAG加热器、顺序控制盘）、空温式高压气化器、CNG加气机、CNG储气设备（储气井或钢瓶组）、

LNG 潜液泵、LNG 加气机、PLC 控制系统等组成。

2. L-CNG 加气站基本工艺

LNG 储罐内的 LNG 通过低温高压泵加压后送入高压空温式气化器，气化后的出口温度应超过 5℃，出口压力为 20 MPa，经顺序控制盘进行压力分配，依次进入高压、中压、低压三个储气瓶，CNG 加气机则分别由低到高从储气瓶中取气给汽车加气；同时，LNG 可通过潜液泵进入 LNG 加气机，为 LNG 汽车加气，如图 5-2 所示。

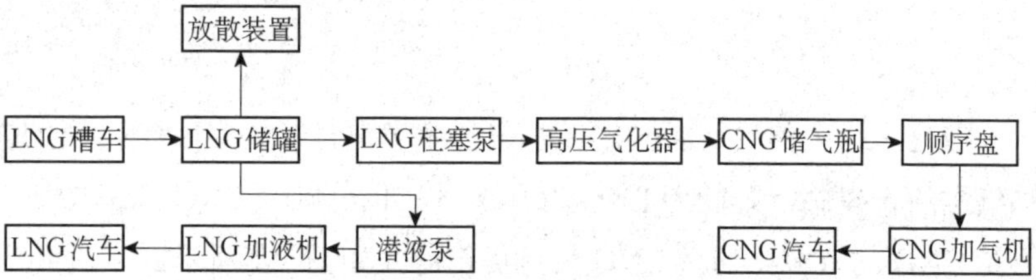

图 5-2 L-CNG 加气站工艺

3. L-CNG 加气站设备

由 L-CNG 加气站基本工艺可知，该站与 LNG 加气站、CNG 加气站的多数设备都是重叠的，仅多了 LNG 柱塞泵和高压气化器两个设备，所以在本章只介绍 LNG 柱塞泵和高压气化器，其他设备的操作及维护参照 LNG 加气站和 CNG 加气站相关内容，见表 5-1。

表 5-1 典型 L-CNG 加气站设备

项目	主要设备	主要构成部件	主要技术指标	数量
1	LNG 储罐（卧式）	LNG 液体储罐、液位指示装置、安全泄放装置	有效容积：60 m^3 最大充装率：95% 工作压力：1.0 MPa	1 台
2	增压气化器	大直径铝质换热管	气化能力：300 Nm^3/h 工作压力：1.6 MPa	1 台

续表

项目	主要设备	主要构成部件	主要技术指标	数量
3	低温高压柱塞泵	1-X9，1.97×1.38 泵、防挠曲底座、皮带驱动系统及防护、高压安全阀、防爆电机、入口过滤器、低温传感器等	流量：25 L/min 功率：30 kW 型号：380 V/50 Hz/3-Phase	2 台
4	高压空温式气化器	受压管为 $0Cr_{18}Ni_9$ 不锈钢无缝钢管，换热管为防锈铝翅片管	气化能力：1 000 Nm^3/h 工作压力：25 MPa	2 台
5	防爆水浴式电加热复热器	天然气管路材质为 $0Cr_{18}Ni_9$	处理能力：1 000 Nm^3/h 工作压力：25 MPa	2 台
6	顺序控制盘	一进四出	最大流量：1 800 Nm^3/h 工作压力：25 MPa	1 台
7	储气瓶组	排列方式：3×1	总水容积：3.39 m^3 充装总容积：800 Nm^3 工作压力：25 MPa	1 套
8	CNG 加气机	三线双枪加气机（带小票打印，IC 卡读卡器）	计量精度：±0.5% 流量范围：2～40 m^3/min	4 台
9	EAG 低压气化器	铝质换热管	气化能力：100 Nm^3/h 工作压力：25 MPa	1 台
10	仪表风气源设备	活塞式压缩机、深度脱水设备、精密油过滤器	压缩空气供气压力：0.65～0.8 MPa 含水露点：≤−40℃ 含尘粒径：≤1 μm 含油：≤1 mg/m^3	1 台
11	控制系统	控制柜、PLC、变频器、图形用户界面操作控制系统、报警系统	满足控制需要	1 套

续表

项目	主要设备	主要构成部件	主要技术指标	数量
12	L-CNG 撬块（把柱塞泵等集成在撬块上，包括低温管道及阀门，仪表电气电缆等）	低温管道、LNG 专用低温截止阀、气动紧急切断阀、低温止回阀、手动高压球阀、安全阀等；压力变送器，温度传感器、电缆、两位五通防爆电磁阀，防爆接线盒，防爆接线箱、撬块地盘等	管道冷损率：≤0.5 W/m	1 套
13	其他	含卸车软管、接储罐真空软管，不含建站工艺材料	—	—

第一节　LNG 柱塞泵

1. LNG 柱塞泵介绍

LNG 柱塞泵是 L-CNG 加气站的核心设备，工作压力高达 25 MPa，能够为高压气化器提供高压气源，如图 5-3 所示。

(a) L-CNG泵撬

(b) LNG柱塞泵

图 5-3　L-CNG 泵撬与 LNG 柱塞泵

2. LNG 柱塞泵操作

1）开机前检查

开机前应检查所有的管路、配件、螺栓和电接点是否准备就绪，检查所有管路接头部位的密封情况是否达到要求。

2）启动

为冷却泵，全开贮槽上的气体回流阀及液体吸入阀，泵的吸入压力必须大于 0.02 MPa，否则不可能建立起有效的净正吸入压头（NPSH），从而导致无法启动。低温液体必须处于一个饱和状态或一定的过冷状态，如果液体过于接近气相点，则在泵的吸入阀工作中产生阻力损失而使泵抽空，这种情况称为气蚀，它可能引起泵的损坏，当泵冷却完毕（冷却时间约 10 min），即可开机，这时气体回流阀、液体吸入阀仍处于全开状态。

正常的启动工作，在启动后将有以下现象：

（1）泵的排出管路开始结霜；

（2）可听到轻微的震动声，证明泵的进、排出阀正在工作；

（3）排出管路上的压力表将显示逐渐增加的压力。

3）停泵

正常工作完成后，应首先使泵停止工作再关闭泵的进液阀和泵的回气阀，然后再切断泵的电机电源，打开系统放空阀，放掉残液。

如果系统出现故障，则应首先切断泵的电机电源，停止泵的工作，待故障排除后，再重新启动。

4）注意事项

（1）因工作压力过高，所以要防止可能因为密封失效或超压泄漏而产生危险。

（2）LNG 柱塞泵后置有压力变送器，当压力超过工艺设定值时，自动切断泵的运行。

（3）如果气化器最后一排翅片发生结霜现象或气化器通往顺序控制盘的管路发生结霜现象，表明系统的流量已超出气化器的气化能力，应马上停泵。

（4）如果泵发出异常的声音，表明在压力管路中形成了过高的压力，应立即停泵。

5）常见故障分析处理

柱塞泵常见故障分析处理见表 5-2。

表 5-2　柱塞泵常见故障分析处理

序号	故障	原因	补救措施
1	没有排压	①进、出口阀门卡死； ②泵未冷透或吸入压力不够，即 NPSH 不足； ③回气管路关闭； ④液体太接近气相点； ⑤零件磨损	①如果是由于潮湿结冰的原因，则需要加温吹除干燥再启动；如果是杂质，则拆卸后清除并干燥再启动； ②继续预冷或增加吸入压力； ③打开回气管路； ④将贮槽放空阀打开，放掉一部分气体； ⑤重新装配冷端，更换相应零件
2	流量不足	进、出口阀门密封不严	拆检或更换相应零件
3	密封器泄漏	①填料没有压紧； ②密封件磨损	①适当旋紧密封器的开槽螺母； ②更换密封件

第二节　L–CNG 高压气化器

1. L-CNG 高压气化器介绍

L-CNG 高压空温式气化器如图 5-4 所示，与普通空温式气化器的区别在于材质的不同，高压气化器可以承受 25 MPa 的压力。

图 5-4　L-CNG 高压空温式气化器

L-CNG 高压气化器一用一备共 2 台，两组空温式气化器的入口处均设有切换的气动阀，正常工作时两组空温式气化器通过气动阀自动进行切换，切换周期时间根据环境温度和用气量的不同而不同，单台高压气化器的连续使用时间不能超过 8 h。当温度出口低于 5℃时，低温报警，自动切换空温式气化器，同时除掉气化器上的结霜，保证使用的气化器达到换热的最佳效果；当空温式气化器出口的温度达不到 5℃及以上时，通过水浴式复热器使其温度达到 5℃及以上。

空温式气化器后设置有温度传感器，当出口温度达不到设定值时，自动切换运行另一组气化器以达到工艺需求。

气化器的气化能力根据高峰小时用气量确定，并留有一定余量。设计上配置两组，互相切换使用。加气站按每天工作 15 h 计算，选用 2 台 1 500 Nm^3/h 空温式气化器和 1 台 1 500 Nm^3/h 水浴式气化器，互相切换。当环境温度较低，空温式气化器出口温度低于 5℃时，切换成水浴式气化器，对 LNG 进行加热强制气化。

2. 高压空温式气化器主要工艺参数（表 5-3）

表 5-3　高压空温式气化器主要工艺参数

工作压力	25 MPa	安装方式	立式
设计压力	27.5 MPa	主体材质	管道 $1Cr_{18}Ni_9Ti$ 铝翅片
工作温度	−162℃	气化能力	1 500 Nm^3/h
设计温度	−196℃	出口温度	不低于环境温度−10℃

在高压空温式气化器不能满足出口温度要求时，可以配备水浴式气化器进行复热，其主要工艺参数见表 5-4。

表 5-4　水浴式气化器工艺参数

工作压力	25 MPa	出口燃气温度	5～10℃
设计压力	27.5 MPa	加热能力	1 500 Nm^3/h

注：加热用热水由站内自建的锅炉房或外来蒸汽供应。

3. 高压气化器操作

（1）操作规程：

①检查确认安全阀、气动阀正常，有问题及时处理。

②检查阀门、管道、法兰有没有内、外漏情况，发现漏点及时维修，不能处理的随时上报。

③确认气化器无质量缺陷，如有应与厂家联系处理。

④确认气化器及附件正常，确认气化器后端出液管网打通。

⑤开启气化器后端安全直通阀，使安全阀正常工作。

⑥开启气化器前端气动阀，使气动阀正常工作。

⑦缓慢开启气化器后端球阀、气化器前端低温截止阀，高压空温式气化器操作完成。

⑧根据实际需要的气化量，选择打开相应组数的气化器。

⑨缓慢开启储罐出液阀，打通供气系统。

⑩关闭供气系统应反向操作，以免超压。

（2）安全注意事项和应急措施：

①保证紧急切断系统、安全放散系统正常。

②开启阀门要缓慢、平稳。

③定期检漏，发现漏点及时处理，不能自行处理及时上报。

④根据瞬时气化量、环境温度等指标决定打开气化器组数。

⑤及时恰当地给气化器化霜，保证气化器的正常气化能力。

第六章

加气站安全管理

近年来，随着国家能源环保政策和能源结构调整政策的出台，车用燃气技术得到了大力推广和应用，作为清洁型汽车用燃料，其由于燃烧充分、利用价值高、污染小、价格低等特点，受到普遍欢迎，各地汽车加气站也相继快速建成并投入使用。但是，由于具有高压、易燃、易爆及低温等特性，再加上新技术推广初期，管理经验欠缺，国家相关技术标准、规范不完善，个别环节相对薄弱，由此带来的安全隐患和突发性的安全事故也越来越引起关注和重视。

因此，必须加强安全管理，建立健全各项管理制度和安全操作规程，不断对员工进行安全知识教育，使每个在站内从事工作活动的人员明确各自的岗位职责及安全要求，切实做到自觉遵守制度，认真无误操作，保证安全生产。

第一节　加气站人员管理

1. 加气站岗位设置及职责

1）站长岗位职责

（1）认真贯彻执行安全生产法及各项质量法规、制度和标准，保证国家安全生产法规和公司规章、安全运营管理制度、设备运行的操作规程在加气站的贯彻执行。

（2）制订加气站年度安全质量工作计划，报上级部门领导批准后监督实施。

（3）负责加气站事故的调查、分析工作，编制详细、准确的调查分析报告，做好事故汇总和上报工作。

（4）指导督促各班组的安全生产工作。根据季节、任务等具体情况开展阶段性的安全活动。

（5）负责组织召开站点各项安全生产会议，定期组织召开站点安全例会，提高部门员工整体安全素质，宣传贯彻上级安全生产的各项指示精神。

（6）负责加气站点每日、每月的安全检查，对查出的隐患及时处理，并做好记录。

（7）对违章现象进行制止，制止无效应向单位领导或上级主管部门报告。

（8）负责定期检查消防设施和器材的完好状况，保证齐备、可靠。

（9）做好加气站安全管理工作，督促各班组做好防火、防盗工作，充分发挥安全管理员的作用。

2）技术负责人岗位职责

（1）负责加气站充装工艺、设备运行等技术管理工作，对气体储存、充装经营过程中的安全质量技术负责。

（2）负责国家有关产品质量、标准计量、特种设备、安全生产等法律、法规、技术规范的贯彻执行。

（3）组织制定、修订和审定各项安全质量管理制度、安全技术规程，组织编制安全技术措施计划、方案及安全技术长远规划。

（4）组织安全技术研究工作，负责解决疑难或重大安全技术问题，推广和采用先进的安全技术和安全防护装置。

（5）审批重大工艺处理、检修、施工安全技术方案，设备定期检验（检定、校验）计划。

（6）审批特殊动火证，参加重大事故的技术分析工作。

3）安全员岗位职责

（1）负责加气站消防安全工作，对储存、装卸、充装经营过程中的消防、安全生产、安全保障负全责。

（2）贯彻执行消防、安全生产法律、法规，编制消防、安全生产、安全保卫有关管理制度，标识安全警示标志、标语。

（3）负责消防、安全设施的配置、维护、管理工作，保证消防、安全设施齐全、有效。

（4）编制事故预防和紧急救援预案，制订演练计划并实施演练。

（5）制订安全培训教育计划，对员工进行安全生产教育，指导相关人员进行安全作业。

（6）组织并实施消防、安全巡查，消除安全隐患，做好安全记录。

4）设备负责人岗位职责

（1）负责建立储存和工艺设备技术档案、仪器（表）档案、高压钢瓶档案及归档工作。

（2）负责设备、仪器（表）、高压钢瓶日常管理工作。

（3）制定、修订设备管理制度、安全技术操作规程。

（4）制订加气站设备、仪器（表）检验、检修计划和高压钢瓶检验计划，并落实有关检验检修工作。

（5）评定设备完好状况。

（6）完成领导交办的其他工作。

5）班组长岗位职责

（1）组织职工学习，贯彻执行加气站有关安全生产的规章制度。

（2）组织班组安全学习。

（3）定期组织安全活动，认真执行交接班制度，做到“班前讲安全，班中检查安全，班后总结安全”。

（4）检查岗位工艺指标及各项安全制度执行情况，做好设备和安全设施的巡回检查及维护保修工作，并做好记录。

（5）严格规范劳动纪律，不违章指挥，有权制止一切违章作业，监督检查站内外工种作业人员的作业，维护正常生产秩序。

（6）负责本岗位防护器具、安全装置和消防器材的日常管理工作，使之完好。

（7）发现隐患及时解决，做好记录，不能解决的要上报领导，同时采取控制措施，发生事故要立即组织抢救、保护现场、及时报告。

6）充装工岗位职责

（1）严格执行国家相关法律、法规及标准，并对燃气专业知识有所掌握，遵守劳动纪律，不违章作业，按照加气站各项管理规定作业，必须经过安全技术和岗位操作培训，持证上岗。

（2）使用文明礼貌用语，主动、热情、规范地为客户提供加气服务，满足客户的合理要求，严禁与客户争吵。

（3）负责岗位范围内设备的维护、保养和作业环境清洁，懂得加气机工作原理，判断和排除一般的设备故障。

（4）上岗必须规定着装，会报警，熟悉站内消防器材性能，能熟练使用站内消防器材。

（5）负责岗位范围内安全检查，发现不安全因素和危及加气站安全的行为，及时处理、阻止和汇报。

（6）熟悉充装安全操作规程，对充装车辆必须进行充装前的有关安全检查，严格按充装安全操作规程工作。

7）化验员岗位职责

（1）根据国家法律、法规和标准，按照公司质量管理制度严格实行持证上岗。

（2）严格执行国家有关质量法律、法规和标准，对进、出站天然气产品质量进行检验，确保出站产品符合国家标准的要求，如不符合立刻通知充装工，停止充装。

（3）定期对站内产品进行取样、化验、分析。

（4）按照标准程序，准确、真实地做好取样、化验、分析、记录，并保存好原始记录。

（5）发生产品不符合国家标准的，应立即向站长汇报并出具化验报告。

8）压力容器与压力管道人员岗位职责

（1）压力容器与压力管道管理人员、操作人员必须经过安全技术和岗位操作培训，压力容器与压力管道管理人员、操作人员必须经专业机构培训，取得特种设备作业证后上岗。

（2）压力容器与压力管道管理人员、操作人员必须熟悉本岗位压力容器、压力管道的技术特性、系统结构、工艺流程、工艺指标、可能发生的事故和应采取的措施。

（3）压力容器与压力管道管理人员、操作人员必须严格控制工艺指标，严格按操作规程进行操作，严禁超压、超温运行。

（4）压力容器与压力管道操作人员应严格执行巡回检查制度，做好巡回检查记录，发现异常情况应及时汇报和处理。

（5）压力容器与压力管道操作人员在设备运行过程中发现不正常现象或发生故障，应立即向站领导和压力容器与压力管道管理人员反映。各站视故障情况向公司主管部门汇报，公司主管部门应及时查清原因，排除故障，提出改进措施。

9）维修工职责

（1）维修班负责完成公司和加气站所属生产设备、管线、阀门、仪表及其他维修和保养工作。

（2）接受站上的各项工作安排和设备部门的技术业务指导。对生产设备运行情况随时检查，并提出检修计划，保证设备正常运行。

（3）维修人员在维修设备、管线时，必须挂维修牌，以防止操作人员误操作，设备维修后，经技术人员检查合格后，才能交给操作人员使用。

（4）检修输气设备时，必须首先切断气源并放空，保持工作场所的通风良好，经检查无隐患后，方可作业。

（5）在易燃、易爆场所进行检修等作业时，必须严格遵守有关安全制度，工作时禁止撞击产生火花。

（6）对生产系统出现的故障要及时处理、及时记录，并收集整理好资料，上报有关部门。

（7）根据技术部门制订的大、中修计划，对设备进行检查维修。

（8）按时对设备进行维护和保养。

（9）协助技术部门对设备各操作岗位人员进行正确操作和维护保养知识的传授和指导，对违章作业应及时制止并向上级部门报告。

（10）严格按修理规范作业，严禁违章，有权拒绝违章指挥，并向上级主管部门上报。

10）电工职责

（1）严格执行电气管理的各项制度、设备运行及检修规程，确保变配电设备运行正常，供电安全可靠。

（2）注意负荷变化及电容器的情况，确保设备功率因数达到 0.9 及以上。

（3）严密监视电气设备运行情况，做到定期巡视检查，发现异常情况及时汇报。

（4）提出配电室检修计划和材料配件计划，及时报告。

（5）负责电气设备的日常维护和清洁工作。

（6）准确齐全记录各项运行资料、数据，按时上报。

11）财务人员职责

（1）认真学习国家制定的各项规章制度、政策法令，按照《会计法》规定，及时完整地进行公司的财务核算，正确编制各类报表。

（2）正确登记总账及各种明细账，做到“账账相符，账实相符”。

（3）严格执行财务制度，认真审核各种费用报销的原始凭证。

（4）严格执行现金、支票管理制度，做到日清月结，禁止白条抵现。

（5）负责固定资产的建卡，办理调入、调出手续，参加财务清查。

（6）搞好月、季、年报表的编制分析，为董事会决策提供科学依据。

（7）负责购进及销售气量的结算工作，做到月结月清。

（8）认真装订、保管会计档案。

12）统计人员职责

（1）统计员在站长领导下开展工作，负责每天加气量统计、核算，认真做好月、季、年度报表，提前做好同用气单位结算的准备。

（2）对每天加气量进行统计，参照原始累计读数比较盈亏并填表，做到一日一结。每月报表应交财务一份。

（3）有亏空，应及时同代班班长联系进行自查，确实查不出原因者上报站长和财务处理。

（4）提前做好清换加气单据的准备工作（编号、订册），做好加气总量（小计、合计）的结算工作。

（5）做好加气车辆及供气单位售气量、用气量的旬报表并上报站长及财务。

（6）妥善保管原始单据备查。

2. 加气站员工安全培训

1）加气站员工安全职责要求

站长是防火第一责任人，每名员工都是义务消防队员，应做到“四懂四会”：

“四懂”，懂火灾危险性，懂预防措施，懂扑救方法，懂疏散方法；“四会”，会报警，会使用灭火器材，会扑救初期火灾，会组织人员逃生。

演练周期：每半年组织一次。

（1）安全生产方针：坚持“安全第一、预防为主、综合治理”。

（2）安全生产“三同时”：《中华人民共和国安全生产法》规定了生产经营单位在新建、改建、扩建工程中安全设施必须坚持“三同时”的原则，即建设项目的安全设施必须与主体工程同时设计、同时施工、同时投入生产和使用。

2）加气站安全生产基本原则

（1）事故处理“四不放过”：“四不放过”原则即事故原因没有查清不放过，当事人未受到教育不放过，整改措施不落实不放过，责任者未受到处理不放过。

（2）安全生产“三违”：“三违”是指安全生产工作严令禁止的“违章指挥、违章操作、违反劳动纪律”的现象。

（3）安全生产“三不伤害”：“三不伤害”是指“不伤害自己、不伤害他人、不被他人伤害”。

3. 加气站员工安全防护管理

（1）为避免或减轻操作员工的事故伤害和职业危害，主管公司须根据作业性质、现场条件、劳动强度和上级有关规定，正确选择配备符合安全卫生标准的防护用品和器具。

（2）各种防护器具应定点存放在安全、方便的地方，并有专人负责保管，定期检查和维护。

（3）操作员工应根据作业条件坚持佩戴防护用品，增强自我防护意识，避免或减轻职业危害。

第二节 日常安全管理

1. 常规巡查

1）一般要求

日常巡检应满足以下要求：

（1）巡检人员必须正确穿戴防静电工作服、鞋和安全帽等劳动防护用品。

（2）巡检人员必须佩带便携式可燃气体检测报警器。

（3）巡检人员应按照巡检制度规定的路线、时间和巡检点进行巡检。

（4）压缩机房内巡检人员身上不能有悬挂物。

（5）发现异常情况应立即处理，做好处理记录。不能处理的应立即上报，并制定预防控制措施。

（6）巡检人员应做好巡检记录。

（7）加气站应实行每日防火巡查，确定人员、内容、部位、路线等，并建立防火巡查记录。

（8）巡检人员应熟悉设备的工作流程，掌握设备中各个关键控制点，通过观察设备的振动、油液位、颜色以及“听、摸、看、闻”等来判断设备的运行情况，做到早发现、早处理，减少、避免设备隐患成为设备故障。一线员工要有实际动手能力和在紧急情况下冷静有效地处理设备事故的能力。

2）巡查点及巡查内容

加气站设备多属于高压设备或低温设备，一旦发生泄漏将会衍生出次生灾害，后果严重，初期处理不及时将很难施救，加强日常巡回安全检查尤为重要，检查本岗位范围内的生产情况和设备运行情况。

（1）站长、操作人员必须经过专业培训，持证上岗。

（2）巡回检查分为站长的每日安全巡查和操作人员对本岗位的安全巡查。

（3）巡回检查内容：

①所有设备压力表指示是否准确、灵敏，运行温度、振动幅度是否正常。

②低温泵运行是否正常。

③PLC 人机接口显示及电流、电压、温度、压力是否正常。

④安全报警系统以及安全装置（如安全阀、压力开关等）运行是否正常。

⑤电机电流显示是否正常。

⑥洁净气源设备运行是否正常。

⑦气动管路快装接头密封是否存在泄漏。

⑧液位计指示是否正确、灵敏。

⑨气动阀门开关操作是否灵活。

⑩与槽车连接情况及各低温管线连接是否可靠，有无泄漏、破损。

⑪手动阀门开关操作是否灵活。

⑫过滤器压力表指示是否偏高。

⑬放散阀是否灵活、密闭良好。

⑭气动阀门开启顺序是否符合程序要求。

⑮液体介质是否正常。

⑯罐体连接管有无异常和明显变形。

⑰接地线是否完好可靠。

⑱加气软管是否良好，加气枪头有无漏气、脱枪现象。

⑲加气机界面显示是否正常。

（4）巡回检查路线：巡回检查路线应按照工艺流程确定，从天然气引入加气站开始至加气机枪头为止。应将所需检查的设备、设施、操作点、控制点都包括在内，力求线路合理，检查内容全面。

①卸车系统：槽车压力、液位、手气动阀开关状态，泵前后是否存在压力表摇摆和无压差的情况，手动及气动阀开关状态，储罐压力、液位情况及泵前后储罐压力对比情况。

②调压系统气化是否正常，相关容器（槽车、储罐、泵池）是否压力、温度正常。

③电气控制系统是否有报警，流程参数是否正常。

④放空系统各安全放散系统是否正常开关。

⑤加气机系统是否存在超压计量问题，显示板等是否不清楚，按键板是否坏损。

⑥仪表风系统压力是否正常，空压机、冷干机是否正常，是否进行排污。

（5）检查方法：

①听声音。是否有不正常声音，以判断设备运行情况。

②看仪表显示数，阀门开关位置，设备运行状况，以判断生产工艺过程及设备完好情况。

③触摸设备表面温度是否正常，判断设备运行情况，紧固件有无松动，设备运转是否平稳。

④有条件的应采用监测巡检设备，利用巡检工具检查设备运行情况。

（6）巡回检查后的处理。根据情况维持原有的操作或采取适当调整措施和有效的安全措施，在情况危急时可紧急停车。

（7）做好检查记录。按照巡回检查内容、周期和路线的要求，填写本岗位巡回检查记录。

（8）装卸作业过程中，操作人员应按装卸操作规程的规定，做好对装卸车辆的安全巡查，并加强与机、泵和储罐操作人员的联系配合，严防槽车、储罐超装。

(9）设备发生故障时及时报修，紧急情况时（如火灾、严重泄漏等）要立即按紧急切断按钮停止全站设备。

2. 日常保养

1）一般要求

设备的日常维护保养和设备的计划检修是保障设备完好率的重要手段。及早发现故障苗头，及时处理，消除故障隐患。主要方法为“摸、听、看、闻、拆、记”。

“摸”：感觉温度变化、设备振动情况、表面磨损情况。

“听”：设备噪声、轴承运转有无异常声音。

“看”：设备泄漏、颜色变化、表面结霜，工艺参数变化是否符合要求。

“闻”：闻设备运行部位、电气控制部位及空气中有无异常气味。

“拆”：解体检查。

“记”：工艺记录、设备档案及时、准确、完整。

2）保养点及保养内容

加气站的日常保养维护可参照表 6-1 进行。

表 6-1　加气站的日常保养维护

维护项目	日检	周检	月检	季检	年检
排空压缩机空气储罐和分水罐内的存水	√	√	√	√	√
排放总管内的湿气	√	√	√	√	√
检查加液软管和放空软管是否完好，有无泄漏及损坏，根据情况修理或更换	√	√	√	√	√
检查 LNG、CNG 加气机有无漏点，功能是否灵敏，视情况修理	√	√	√	√	√
检查阀门和管线有无漏点，视情况修理		√	√	√	√
检查 LNG、CNG 加气机的接地线是否完好		√	√	√	√

续表

维护项目	日检	周检	月检	季检	年检
检查加气嘴有无漏点，视情况维修和调整加液速度		√	√	√	√
检查消防器材是否完好			√	√	√
进行系统功能测试，检验各手动阀、启动阀和电磁阀、紧急关闭系统是否完好			√	√	√
启动污水泵，排尽污水，清理雨水坑，对污水泵进行保养			√	√	√
检查加气站的接地线是否完好，视情况维修				√	√
检查各泵撬块的接头是否泄漏，视情况维修				√	√
调校火焰探测器、可燃气体探测器				√	√
检查储罐环形空间的真空度，视情况维修					√
检查真空管的真空度，视情况维修					√
检查压力表、液位计和流量传送器是否完好，有无泄漏，视情况维修					√
检查在线安全阀有无泄漏，并调校					√
更换空气过滤器的过滤网、干燥剂					√
更换储罐爆破片					√

3. 加气站其他安全管理要求

1）消防设施管理

（1）站内配置的消防器材均属灭火、抢险专用物资，不准擅自使用、挪用、移动。

（2）消防器材由安全员负责检查和管理，使其保持良好状态。

（3）站内的消防器材须放在明显便于取用的地点，设置要稳固、铭牌朝外，并有醒目标志且不得影响安全疏散。

（4）消防器材要列入交接班项目，以保证消防器材良好可用。

（5）站内消防器材及设施每周进行一次全面检查和清洗，发现问题要及时上报站长。

（6）灭火器应按要求进行检测，确认粉末是否结块，气量是否充足，并做到定期换药；灭火器不论使用与否，使用期满 5 年及以后每隔 2 年，必须进行水压试验。

（7）站内所有灭火器未经许可严禁使用，违者罚款。

（8）灭火器不得放在热源附近，在冬季应做好灭火器的越冬保温工作。

（9）值班人员对消防器材要做到一天三查，即接班时、当班时、交班时进行检查，如有丢失或损坏，“谁当班，谁赔偿”。

（10）每名员工都要了解消防器材的使用方法，做到正确操作，熟练使用。

（11）灭火器的维护与保养：

①经过维修的灭火器必须符合该产品的国家标准或行业标准。

②灭火器筒体应由维修单位按规定期限进行试压检查；当发现筒身有损伤、焊缝外观质量不符合要求时，也应进行试压检查。

③灭火器的橡胶、塑料件不得用有机溶剂洗涤，变形、变色、老化或断裂的必须更换。

④压力表不得有变形、损伤等缺陷，否则应更换压力表；压力值的显示应正常。

⑤喷嘴有变形、开裂、损伤等缺陷，必须更换；防尘盖应保证灭火剂喷出时能够自行脱落或击碎。

⑥灭火器的压把、阀体等金属件不得有严重损伤、变形、锈蚀等影响使用的缺陷，顶针不得有肉眼可见的缺陷，否则必须更换。

⑦密封片、密封垫等密封零件应符合密封要求，否则必须更换；干粉灭火器的防潮膜如有损坏，必须更换。

⑧灭火器的出气管不应有弯折、堵塞、损伤和裂纹等缺陷，否则必须更换。

⑨所有需更换的灭火器零部件应尽可能采用原厂产品；若采用其他厂的零部件，必须符合现行国家标准或行业标准。

⑩经维修后的灭火器，必须在灭火器的筒身和储气瓶上分别贴上永久性维修铭牌。

2）电气设施管理

（1）站内外所有变电、配电设备，动力设施，照明电器，未经允许任何人不准擅自移动或挪作他用，如确因生产检修等原因需改动或改变用途，必须以书面形式向公司主管部门提出，经研究批准后方可进行。

（2）电工作业须持有安全生产监督管理局核发的特种作业操作证方可从事电气维修安装工作；电气维修安装作业应有 2 名及以上电工配合工作，电气维修安装作业不准单人单独进行。

（3）各部门因生产需要所配置的变压器、配电柜、电动机及带金属外壳的电力开关等电气设施，应具备良好的保护措施，接地线应按规定设置，接地保护线需单独设置，严禁将接地线接在建筑物和其他设备上。

（4）电工承担公司的电气设备维修任务，对生产区域的动力设备及照明设备应定期进行保养并经常检查配电柜、开关柜和电机运转情况，发现问题及时处理。

（5）生产区域是易燃易爆场所，所有的电气设备防爆问题都对安全生产有着重大意义，电机、电缆、配电及照明等均可能因超负荷、绝缘损坏、接触不良等原因成为混合性易燃易爆气体的引发火源，造成严重后果，因此应严格按要求正确使用防爆电气设备。

（6）加气站电器及线路的选型、安装必须符合用电区域防爆等级要求。

（7）加气站须认真执行当地电业管理部门的安全用电管理规定。

（8）电气设备及电线、电缆严禁超负荷工作。

（9）用电警示标志须醒目，防护用具要完好、有效。

（10）电气设备和线路应参照有关规程做好适时修理和报废。

（11）要定期检查、测试设备、管线的导静电接地装置并保证完好有效。

（12）在停电状态下，应使用防爆安全电筒。

（13）对加气站内的电气密封要定期检查，如发现密封不良必须用防爆工具立即修复或更换。

（14）每季度做一次设备有效性检验，做好检验记录并入档保存。

（15）电气设备附近严禁堆放易燃物品。

（16）在高强闪电和雷击频繁时，应停止加气，必要时须切断电源，待雷击过后，再正常加气。

（17）设备运行过程中，若发现异味、变声等异常情况，应及时采取措施并反映给相关人员进行处理。

3）检漏报警及视频监控设施管理

（1）视频监控系统。

加气站视频监控系统、火灾报警系统及可燃气体检测报警系统应由专人负责管理，并应定期进行检查和维护。

（2）可燃气体检测报警系统：

①安装和使用的可燃气体检测报警器应有经国家指定认可的计量器具制造认证、防爆性能认证和消防认证。

②可燃气体检测报警器报警（高限）设定值应小于或等于可燃气体爆炸下限浓度（体积分数）值的 20%。

③加气站每周应对可燃气体检测报警器自检系统试验一次，检查指示系统运行状况。

④加气站每两周对可燃气体检测报警器进行一次外观检查，项目包括连接部位、可动部件、显示部位、控制旋钮、故障灯、检测器防爆密封件和坚固件、检测器部件、检测器防水罩、现场报警器。

（3）火灾自动报警系统：

①站内宜设置火灾自动报警系统，并由专人负责。

②系统的操作维护人员应是经过专门培训，并经消防监督机构组织考试合格的专门人员，值班人员应熟悉掌握本系统的工作原理和操作规程，应对本单位火灾自动报警系统的报警区域和探测区域的划分熟悉掌握。

③站内应具有系统竣工图、设备技术资料、使用说明书、调试开通报告、竣工报告及操作使用规程等有关资料。

④系统投入正常使用后，应按定期检查制度进行检查和试验。

a. 每日检查：使用单位值班人员每日应检查集中报警控制器和区域报警控制器的功能（如火警功能、故障功能、复位、消音等）是否正常，以及有关指示灯是否损坏，值班人员应将每日检查、处理问题情况进行记录。

b. 每周检查：进行主、备电源自动转换试验，并做好记录。

c. 季度试验和检查：探测器的动作是否正常，确认灯显示是否清晰，声、光显示是否正常，并做好记录。

d. 制度检查试验：用专用加烟（或加温）试验器对安装的所有探测器进行检查试验，至少全部检查试验一遍，并做好记录。

4）设备安全管理

（1）加气站设备安全责任人为站长。

（2）认真学习和执行国家相关部门制定的安全生产、劳动保护及消防政策，严格遵守企业的各项安全管理制度和设备安全操作规程。

（3）操作人员须熟悉和了解各设备及外露、隐蔽工程管线的结构、性能及工艺流程。

（4）操作人员须严格遵守操作规程，合理维护设备，坚持清洁、润滑、调整、紧固、防腐的“十字”作业方针，严禁设备超温、超压、超负荷和带“病”运行。

（5）操作人员须严格执行设备润滑管理制度，做好润滑“四定”，即“定质、定量、定时、定人”。

（6）设备的使用、维护保养必须贯彻“管用结合、人机固定”的原则，实行“定人、定机、定保养”。

（7）各设备、管线、阀门、仪表要有专人管理，做到正确操作，及时维护保养。

（8）设备与管线必须严格按照额定规程工作，绝不允许超负荷运行。

（9）操作人员须不断提高技术水平，对所使用的设备必须做到“四懂”“三会”“三好”，即“懂设备结构、懂性能、懂原理、懂用途”，做到“会使用、会保养、会排除故障”，“管好、用好、维护好”设备。

（10）操作人员须每周对场站及设备进行一次全面清洁，确保设备、管道、阀门、地面的整洁，做到文明生产。

（11）操作人员须每隔 1 h 对低压脱水装置进行巡检，观察各压力表和温度计显示是否正常，压缩机工作是否正常，各阀门是否泄漏等。

（12）每班在停机状况下，对气站压缩机进行一次排污；每周在停机状态下对加气机进行一次排污。

（13）操作人员必须在交接班时对设备进行一次全面检查，用“听、看、摸、闻”等方法检查设备运行的声音、压力、温度、润滑情况、仪表情况及设备是否有异味和泄漏。如发现异常现象，应及时报告，及时停车，并查明原因、做好记录，在未处理之前不得盲目开车。

（14）维修人员要和岗位操作人员密切配合，定期上岗检查，主动了解设备运行情况，发现异常情况及时处理，以保证加气设备、阀门开启、关闭灵敏有效，无泄漏、无故障运行。

（15）在设备的使用中应做到“日常保养为主，专业修理为辅”。

（16）专用设备必须按照国家、地方、公司制订的“设备检查维修计划”严格进行定期检验和维护，设备临时出现的故障，需要提前进行检验和维修的可按原计划提前进行。

（17）新购入的专业设备必须经有关专业部门验收，不符合标准的设备禁止投入使用，并责令购置部门从速退货。

（18）每台设备均须有齐全、准确、保管良好的技术档案、维修记录和运行记录。

（19）加强巡回检查，做好各项记录，及时消除不安全因素，本人不能处理的问题要及时上报。

（20）积极提出有关安全生产方面的合理化建议，消除隐患，做到安全、文明生产。

（21）严格执行交接班制度，认真填写本班设备运行和操作记录，如发生事故，要及时、如实地向上级汇报，并保护好现场，做好记录。

5）站内施工管理

（1）施工审批。

①入站施工队应到公司办理施工许可证或签订《工程安全管理协议》，施工人员佩戴进站工作卡，方可进站施工。

②站内任何动火作业必须按照动火手续审批后，方可施工。

③如有危险作业施工，施工队应预先做好施工方案并报公司技术、安全管理部门审批后，方可实施。

（2）施工标准。

①施工现场应设立护栏、路障、隔离带、警示灯等安全标志。

②施工队伍应配备必要的灭火器材。

③施工完毕后，施工队伍应立即清理施工现场。

（3）施工人员管理。

①施工人员由公司进行进站前安全教育，再由站区工作人员对其进行进站安全教育后方可进站施工。

②施工人员必须严格遵守站内各项安全管理规定。

③施工人员应着装整齐，严禁光背、赤脚等不文明行为。

④施工人员未经站长许可禁止动用站内的各种设施。

⑤施工人员严禁在站内随意走动。

6）事故管理

（1）安全事故上报制度：2007 年 3 月 28 日国务院第 172 次常务会议通过了《生产安全事故报告和调查处理条例》，并自 2007 年 6 月 1 日起施行。该条例对安全生产事故的上报、调查等做了严格要求。

（2）安全生产事故分类。根据生产安全事故（以下简称事故）造成的人员伤亡或者直接经济损失，事故一般分为以下等级：

①特别重大事故。是指造成 30 人以上死亡，或者 100 人以上重伤（包括急性工业中毒，下同），或者 1 亿元以上直接经济损失的事故。

②重大事故。是指造成 10 人以上 30 人以下死亡，或者 50 人以上 100 人以下重伤，或者 5 000 万元以上 1 亿元以下直接经济损失的事故。

③较大事故。是指造成 3 人以上 10 人以下死亡，或者 10 人以上 50 人以下重伤，或者 1 000 万元以上 5 000 万元以下直接经济损失的事故。

④一般事故。是指造成 3 人以下死亡，或者 10 人以下重伤，或者 1 000 万元以下直接经济损失的事故。

（3）事故报告。

①事故报告应当及时、准确完整，任何单位和个人对事故不得迟报、谎报或者瞒报。

②任何单位和个人不得阻挠和干涉对事故的报告和依法调查处理。

③对事故报告和调查处理中的违法行为，任何单位个人有权向安全生产监督管理部门、监察机关或者其他部门举报，接到举报的部门

应当依法及时处理。

④事故发生后，事故现场有关人员应当立即向本单位负责人报告，单位负责人接到报告后，应当向事故发生地县级以上人民政府安全生产监督管理部门和负有安全生产监督管理职责的有关部门报告。

⑤情况紧急时，事故现场有关人员可以直接向发生地县级以上人民政府安全生产监督管理部门和负有安全生产监督管理职责的有关部门报告。

（4）事故报告内容。报告事故应当包括下列内容：

①事故发生单位概况。

②事故发生的时间、地点以及现场情况。

③事故的简要经过。

④事故已经造成或者可能的伤亡人数（包括下落不明人数）和初步估计的直接经济损失。

⑤已经采取的措施。

⑥其他应当报告的情况。

（5）环境管理。

①严格执行国家及当地政府部门有关环境保护、节能减排的政策、法律、法规和规定，设立兼职环保节能管理员，负责加气站的环保、绿化和节能工作。

②节约用水、用电，做好冷却水的循环使用，加强设备的维护、保养，防止漏气、漏水、噪声过大等造成浪费和对环境造成污染。

③减少废气的排放，防止对大气造成污染。

④天然气中分离出的油水混合物应集中处理，严禁随意排放。

⑤采取有效措施，降低噪声，防止噪声扰民，加强与当地生态环境部门的沟通协调。

⑥做好加气站绿化及环境卫生工作，创造优美的工作环境。

（6）安全教育管理。

安全警示标语——“十大禁令”

①严禁在站内吸烟。

②严禁在站内生产区域进行车辆检修等易产生火花的作业。

③严禁机动车辆在站内生产区域不熄火加气。

④严禁在站内生产区域穿脱、拍打能产生静电的衣服。

⑤严禁在站内生产区域使用手提电话、寻呼机及非防爆电器。

⑥严禁在站内就地排放易燃易爆物料及化学危险品。

⑦严禁在站内用汽油等易挥发溶剂擦洗设备、衣物、工具及地面等。

⑧严禁行人、自行车在站内穿行。

⑨严禁非本岗位操作人员进行加气作业。

⑩严禁驾驶员远离加气车辆。

安全警示标语——“进站须知”

①加气站是甲级防火单位，站内禁止烟火，任何人不得在站内吸烟，不得携带火种进入站区，站内动火必须按动火级别办理动火报告。

②进站人员不准穿钉子鞋和化纤衣服接近站内设备，以防静电和碰撞火花。

③非本站上岗工作人员，不得随意动用站内各设备、设施，不得擅自操作设备。

④加气车辆须符合安全条件方能加气，不准载客加气，非加气车辆不准进入站区，严禁在站内修车。

⑤闲人严禁入内，外单位参观学习人员须经有关领导同意，并由本单位负责人陪同方能进入工作区，应遵守站内一切安全规定。

⑥严禁酒后上岗，严禁违章操作。

⑦进站车辆须经加气站人员检查登记，加戴防火帽后按指定区域行驶或停放。

第三节　应急安全管理

1. 加气站应急预案组成

（1）加气站应建立的应急预案：

①防火灾爆炸事故应急预案。

②防洪防汛应急预案。

③防泄漏应急预案。

④防自然灾害（大风、地震、雷击、山体垮塌等）应急预案。

⑤防盗窃、破坏应急预案。

⑥防环境污染应急预案。

（2）加气站应制定应急预案，其主要内容：

①应急组织和指挥系统。

②地理位置，储罐数量、容积，加气机数量。

③建筑物的结构形式、耐火等级、面积、高度、内部设施及相互间的距离。

④人员的配备、分工，警卫力量的布置，物资抢救、人员疏散措施及相应的操作程序。

⑤消防器材的数量、摆放位置、应急补充措施。

⑥对外联络及外援力量的部署、指挥等。

2. 加气站应急预案案例

根据《中华人民共和国安全生产法》、《中华人民共和国消防法》、《城镇燃气设施运行、维护和抢修安全技术规程》（CJJ 51）、《特种设备安全监察条例》、《锅炉压力容器压力管道特种设备事故处理规定》

的精神，为及时控制和消除突发事故的发生，建立紧急情况下，快速、有效地组织事故救援和应急机制，最大限度减少人员伤亡和经济损失，结合本单位实际情况，特制定本预案。

1）事故危险源（点）或事故危险目标

根据本单位存在的事故风险性质，以及可能引发事故的特点，确定以下场所潜在的事故和可能发生紧急的情况：

（1）储罐；

（2）管道破裂；

（3）阀门、法兰、泵等主要设备的 LNG 泄漏或着火；

（4）泵故障；

（5）加气机故障；

（6）加气枪拉管。

2）事故类别及级别

（1）事故类别。

①低温液体储罐根部阀与罐体焊缝处泄漏，尚未引起火灾事故；

②工艺管道 LNG 泄漏或火灾事故；

③槽车卸台发生液体泄漏或火灾事故；

④车载瓶充装发生泄漏或火灾事故；

⑤加气机发生火灾；

⑥配电室发生火灾；

⑦站内发生抢劫、盗窃事件；

⑧自然灾害（如地震、雷电、洪水、泥石流、地面塌陷）事故；

⑨邻近单位发生火灾事故。

（2）事故级别。

按照可控程度和影响范围，可分为一般事故（Ⅲ级）、重大事故（Ⅱ级）和特大事故（Ⅰ级）3 类级别。

①一般事故（Ⅲ级）：指事态较简单，对人身安全及财产危害较

小，随时可处理的事故。

②重大事故（Ⅱ级）：指事态较复杂，对人身安全及财产造成严重危害和威胁，并已经或可能造成重大人员伤亡和财产损失等后果。

③特大事故（Ⅰ级）：指事态复杂，对本单位及其以外的人身安全和财产造成严重危害和威胁，已经或可能造成重大人员伤亡、财产损失等后果，必须在上级主管部门统一协调指挥下，调动专业人员和设备方能处理的事故。

3）事故状态下的人员组织机构及职责

依据事故类别、危害程度级别设置分级应急组织机构，明确各级组织机构人员及职责。

（1）一般事故（Ⅲ级）应急组织机构、职责。

①各加气站为处置一般事故的应急救援组织。

组　长：站　长　　　　姓名：　　　　电话：

副组长：副站长　　　　姓名：　　　　电话：

组员：

一班：班长　　　　姓名：

班员：一班组成员

二班：班长　　　　姓名：

班员：二班组成员

②一般事故（Ⅲ级）应急组织职责。

当发生一般事故（Ⅲ级）时，加气站站长执行指挥任务，迅速成立抢险队，由值班班长和当班人员负责处理。

（2）重大事故（Ⅱ级）应急组织机构、职责。

①重大事故（Ⅱ级）应急组织机构如图 6-1 所示。

②特别说明。

a. 分公司为处置重大事故的应急救援组织。分公司负责人为应急救援组织的总指挥。分组编成，由各分公司根据情况具体编制。

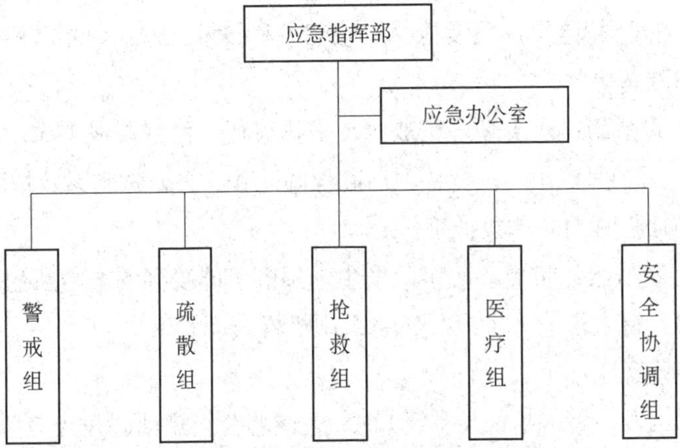

图 6-1　重大事故（Ⅱ级）应急组织机构

b. 若指挥暂不在岗则由指挥的下一级人员临时担任指挥和副指挥，全权负责应急抢险抢修工作，并及时通报反馈相关信息。

c. 在抢险过程中，若公安消防人员到达现场，由公安消防人员担任现场指挥部的总指挥。

③应急救援指挥部主要职责。

a. 迅速了解、收集和汇总险情、灾情，及时向事业部报告；

b. 组织现场灾情监视和灾情分析、会商；

c. 制定抢险、扑救及疏散人员、物资方案；

d. 按事业部的决策，负责全面实施应急预案；

e. 组织灾害损失调查和快速评估，汇总应急工作情况；

f. 协助媒体对事故、险情信息进行发布；

g. 完成事业部交办的其他事项。

④其他战斗单元职责、任务。

a. 安全协调组：参与制定抢修抢险方案，负责监督抢修抢险中的各项协调联络工作，制定安全保障措施，保护事故现场，并配合有关部门做好勘查取证工作，收集事故相关资料，分析事故原因等。

b. 抢修抢险组：负责抢修抢险任务和技术工作，包括各种器具、配件的准备等。

c. 警戒组：负责划分警戒区，安排警戒，做好警戒工作。

d. 后勤医疗组：负责各项后勤保障工作，必要时联系救护医疗单位及进行临时的简单救护工作。

e. 疏散组：负责疏散事故发生地周围可能受到安全威胁的人员。

（3）特大事故（Ⅰ级）应急组织机构及职责。

特别说明：

①当发生特大事故（Ⅰ级）时，区域总公司启动公司级应急预案，分公司应急指挥部受区域总公司应急指挥部领导。

②在公安消防机关未到达现场前由区域总公司总经理或副总经理、总经理助理执行指挥任务，当公安消防机关到达现场后，由公安消防机关有关领导担任总指挥。

4）应急专项抢险方案

（1）储罐破裂造成液化天然气泄漏或着火的抢险方案。

①只泄漏未着火的抢险方案。

a. 迅速向“110”、“119”、事业部及相关单位报警，设立警戒区域，消除一切火源，撤离周围人员。

b. 用干粉灭火器覆盖泄漏在地面的液化天然气，用沙子或沙土堆成围堤将泄漏液引向围堰。

c. 根据实际情况制止泄漏源。

②泄漏并发生着火的抢险方案。

a. 迅速关闭泄漏处上下游阀门，设立警戒区域，消除一切火源，稀释驱散空气中的天然气浓度。由于站内工艺管道管径小、管道短、存液少，除直接堵漏外，也可在保证无火源情况下，让其漏完。待管中微正压时再补焊泄漏处。

b. 假如泄漏并发生着火，可迅速利用干粉灭火器灭火，再采用堵漏胶、管卡等堵漏工具进行堵漏。如果无法直接堵漏，可考虑让其继续稳定燃烧，并尽一切手段对相邻管道、设备及储罐进行喷淋冷却降温，防止超温超压造成更严重的后果，或灭火后在安全处排放。

（2）烃泵的应急方案。

烃泵在运行过程可能会出现下列紧急情况：

①泵体过热、叶片烧毁。

②泄漏。包括泵体密封泄漏，（金属软管）爆裂引起液化气泄漏，以及烃泵进出口管、回流管、旁通管上阀门破损引起液化气泄漏。

③三角皮带突然断裂。

④泵体和出口管道振动和响声异常。

⑤无压差。

运行机泵操作人员一旦发现烃泵出现上述任何一种紧急情况必须采取以下的应急措施：关闭电源、停泵、打开旁通阀和回流阀，关闭进出口阀。烃泵发生振动和异常响声可能是泵中气相过多引起的，此时应排放气体。排放气体后，烃泵仍然振动和响声异常，有可能是过滤器脏堵引起的，也有可能是轴承损坏引起的。此时，操作人员除按上述步骤停泵，还应通知机修人员进行检修。另外，出口管道积压也会造成泵体和出口管道振动和响声异常，安全阀起跳，此时操作人员除按上述步骤停泵外，还应查明管道积压原因并加以排除。发生其他情况马上通知机修人员进行检修。

（3）槽车装卸台发生液化气泄漏或火灾事故的抢险方案。

①金属软管破裂、司机未卸管发动槽车等造成液化天然气泄漏。此时，卸台操作人员应迅速关闭金属软管的连接球阀，搬动槽车紧急手刹；机泵操作人员紧急停泵，熄灭四周一切火源，必要时驱散并稀释空气中天然气浓度。

②槽车安全阀突然起跳造成大量的液化天然气往外泄漏。此时，卸台操作人员通过压力表观察罐内压力，当压力达到 0.8 MPa 及以上

时，表明安全阀起跳是由于罐内超压引起安全阀排放液化天然气，否则就是安全阀损坏造成液化天然气大量泄漏。此时，运行卸液人员应立即向分公司领导报警，其余人员做好卸车准备。分公司领导接到报警后，迅速启动应急预案，制定卸车方案，开启消防水泵，实行警戒，杜绝一切火源，并把重点放在对装卸台上槽车罐体及油箱和储罐喷淋冷却，用高压喷雾水枪驱散并稀释空气中的天然气。

上述两种险情假如已起火，可迅速将火扑灭，再按上述的方法进行抢修。

③装卸台槽车发生罐体破裂或第一道法兰密封面漏气的抢险方案同球罐漏气的处置原则一样。

槽车卸台一旦发生液化气泄漏，在未起火前，为防止产生火花，严禁发动现场的车辆。

（4）加气车辆发生火灾。

①应立即停止加气操作，按下“ESD”紧急停机。

②立即切断一切气源、电源，同时用灭火器进行扑救灭火。

③应立即关闭着火车辆上的气瓶阀门，然后立即赶到加气站出入口处，禁止其他车辆进站。

④引导正在加气的其他车辆有序地撤离加气站，到达站外安全区域。

⑤在火势大难以控制时立即拨打“119”报警。

⑥站长及时向分公司应急处理指挥部报告（站长不在时由核算员或班长执行）。

⑦发生大面积失火，分公司应急处理指挥部启动分公司级的事故应急预案。

（5）加气机发生火灾。

①应立即停止加气操作，按下“ESD”紧急停机。

②切断一切气源、电源，立即用灭火器进行扑救，同时先关闭加

气机上游阀门。

③立即拨打“119”报警，在报警中说清楚单位名称、燃烧的物质、地址、火势大小、报警者姓名和单位电话。

④引导站内加气的其他车辆有序地撤离加气站，到达站外的安全区域。

⑤站长及时向分公司应急处理指挥部报告（站长不在时由核算员或班长执行）。

⑥发生大面积失火，分公司应急处理指挥部向事业部报告启动事业部级事故应急预案。

（6）配电室发生火灾。

①应立即停止加气操作，按下“ESD”紧急停机。

②立即切断一切气源、电源，立即用灭火器进行扑救。

③立即拨打“119”报警，在报警中说清楚单位名称、燃烧的物质、地址、火势大小、报警者姓名和单位电话。

④站长及时向分公司应急处理指挥部报告（站长不在时由核算员或班长执行）。

⑤发生大面积失火，分公司应急处理指挥部向事业部报告启动事业部级事故应急预案。

（7）加气站内防抢防盗措施及应急方案。

①防抢防盗防护措施。

a. 站区员工在深夜 0 点至早上 7 点时，随身携带的找零现金不得超过 100 元，其余现金及时存入保险柜。

b. 保险柜放置在室内尽可能的隐蔽处。

c. 夜间每小时当班人员携带橡胶警棍、防爆照明灯具对站区按照规定线路进行安全巡检。

d. 与相邻单位和居住户加强沟通合作，双方签订安全防护协议，共同做好安全协防工作。

e. 加强对外来进站人员的询问并做好登记。

②防抢劫应急处置方案。

a. 站区员工在突遭歹徒抢劫时，首先要保持镇定与歹徒周旋，充分利用站上的防爆用具进行防护和反击。

b. 遭歹徒抢劫时，当自身的安全有可能受到危害时，应找时机尽快地脱身，抓住时机打电话报警。

c. 随后立即向分公司报告。

d. 站区员工在突遭歹徒多人（两人及以上）抢劫时，应运用心理战术尽量拖延时间，当自身的安全可能受到伤害时，放弃随身的现金，歹徒逃离后，抓住时机打电话报警。

e. 随后及时向分公司、事业部报告，积极向警方提供线索、证据，协助警方破案。

f. 事后向当地财产保险部门进行报案。

（8）自然灾害的应急方案。

在接到自然灾害预报通知后，站长应立即召集人员开紧急会议，做好抢修准备工作，预防二次灾害的发生（以下根据实际情况制定）。

①人员组织：在接到有自然灾害通知后，站长应组织所有人员参加抢险小组，昼夜值班，一旦有险情马上投入战斗，并密切与上级领导保持通信联系。

②物资储备：

a. 加强与分公司联系。

b. 自然灾害期间，加气站电话联络线路有可能随时中断，无线电通信设备（手机）应事先充足电，开机以保证通信畅通。

c. 分公司小型工具汽车应停放在站里，随时待命。

d. 备好沙袋，检查管箍等抢修工具和劳保用品是否备齐。

③具体措施。

a. 接到自然灾害的通知后，站长应对本站围墙、排水沟口进行一次全面检查，如发现不安全因素及时采取措施维修加固，发现沟口堵塞马上进行清理。

b. 一旦发生不安全因素应立即报告上级领导及时整改。

c. 组织人员对站区所有设备、管线进行检查，注意观察是否完好。

d. 当破坏性灾害（水灾、雪灾、泥石流）即将来临时，应停止一切生产活动，抢险组组长组织抢修人员关闭储罐及管道上阀门，液化天然气槽车停放在安全地带。

e. 自然灾害来临前，除值班室的照明线路外，其他一切电源都必须切断，关好门窗。

f. 灾害期间，值班抢险小组派人监听气象警报，定期进行巡逻，并随时与上级公司保持联络。

g. 注意观察罐体，观察管道液化天然气是否泄漏，同时注意观察次生灾害的动态。一旦发生大量泄漏，抢险队迅速集合，按以上的紧急方案进行抢救。

h. 地震预报期间的应急方案同上，非生产期间储罐上、下第一道阀门均处于关闭状态，尽可能少储液。

5）应急响应

按照可控程度、严重程度和影响范围，分级响应。发生一般事故及险情时，启动一般事故（Ⅲ级）预案，由本单位个别部门按照本预案的规定启动应急救援预案，并组织相关部门调动各方面力量处置；发生重大事故及险情时，分公司按照重大事故（Ⅱ级）预案的规定启动应急救援预案，并组织本单位各方面力量处置；发生特大事故及险情时，由本单位按照特大事故（Ⅰ级）预案的规定启动应急救援预案，组织本单位各方面力量处置的同时，报上级应急救援指挥部门，请求上级应急救援指挥启动相应的预案，组织各方面力量进行处置。

6）应急救援终止

应急救援终止由应急救援指挥部根据现场救援活动并听取安全

调查组的意见后予以宣布。应急结束按照以下程序进行：

（1）事故现场隐患得到妥善处置，事故险情得到根本消除，经现场指挥员检查确认，不存在造成次生事故因素，不会对事故现场和周围环境造成火灾、中毒及环境影响时，由现场指挥部报告，经应急救援指挥部批准，可以撤销疏散区，撤离疏散人员。

（2）事故伤员全部送至医院救治，事故死亡人员遗体得到妥善处置，失踪人员已查明，事故现场处于保护状态，由现场指挥员报告，经应急救援指挥部批准，可以撤销警戒区，撤回警戒人员。

（3）具备以上条件时，通知本单位相关部门及周边群众，事故危险已解除。

7）培训和演习

（1）培训：在每月的安全教育中，加强对应急抢险人员的培训，如接警程序，抢险操作中人员的自我防护、安全监护等，并在安全考核中加以强化。

（2）演习：每年至少举行两次抢修抢险演习，举行一次消防演练，针对演习中存在的问题，不断加以改进，并对方案加以完善。每次演习完毕，必须填写演习记录备案。

8）事故应急救援联络部门

（1）事业部调度值班电话：×××××××××。

（2）事业部应急指挥部电话：×××××××××。

（3）火灾报警电话：119。

（4）交通报警电话：122。

（5）公安报警电话：110。

（6）医疗急救电话：120。